1899 - Mai - 15

Collection J. Telinge

OBJETS
D'ART JAPONAIS
ET
CHINOIS

LAQUES, INROS, NETSUKÉS, PIÈCES D'ÉTAGÈRE, PEIGNES
OBJETS EN IVOIRE, EN JADE, EN CRISTAL DE ROCHE
ARMES, SABRES, KODZUKA, ETC., USTENSILES DE FUMEURS, BOITES A ÉCRIRE
CÉRAMIQUE, PORCELAINE, GRÈS, POTERIE
OBJETS EN BRONZE
VASES, STATUETTES, BRULE-PARFUMS, ÉMAUX CLOISONNÉS
ÉTOFFES
MEUBLES, DIVINITÉS, VITRINES
BELLE COLLECTION D'ESTAMPES ET DE PEINTURES
LIVRES EUROPÉENS ET CATALOGUES D'OBJETS D'ART ILLUSTRÉS

EXPOSITION
Le Dimanche 14 Mai, de 2 heures à 5 heures.

VENTE
Du Lundi 15 au Vendredi 19 Mai 1899, à 2 heures précises.

HOTEL DES COMMISSAIRES-PRISEURS, RUE DROUOT
Salle n° 8.

Me E. BARTAUMIEUX
COMMISSAIRE-PRISEUR
rue Saint-Honoré, 334

M. ERNEST LEROUX
EXPERT
rue Bonaparte, 28

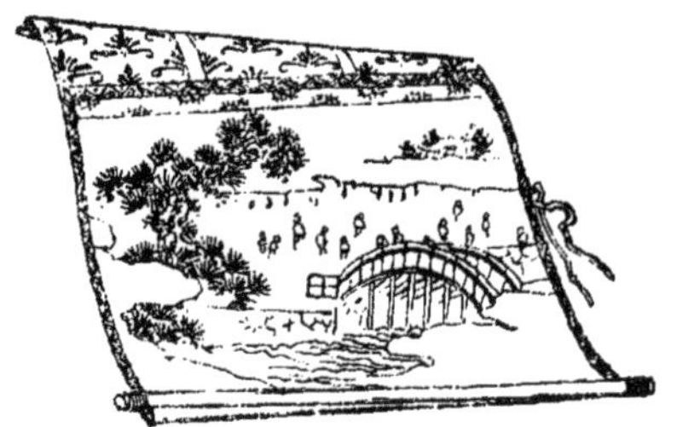

Collection J. Telinge

ORDRE DES VACATIONS

Lundi 15 mai	*Jeudi 18 mai*
Nos 1139-1198	Nos 601-726
1132-1138	939-1052
1-163	
Mardi 16 mai	*Vendredi 19 mai*
285-365	521-600
164-284	852-938
727-760	1053-1131
Mercredi 17 mai	
366-520	
761-851	

CONDITIONS DE LA VENTE

La vente sera faite au comptant.

Les adjudicataires payeront cinq pour cent en sus des enchères applicables aux frais.

M. Ernest Leroux se chargera des commissions des personnes qui ne pourront assister à la vente.

Collection J. Telinge

OBJETS
D'ART JAPONAIS
ET
CHINOIS

LAQUES, INROS, NETSUKÉS, PIÈCES D'ÉTAGÈRE, PEIGNES
OBJETS EN IVOIRE, EN JADE, EN CRISTAL DE ROCHE
ARMES, SABRES, KODZUKA, ETC., USTENSILES DE FUMEURS, BOITES A ÉCRIRE
CÉRAMIQUE, PORCELAINE, GRÈS, POTERIE
OBJETS EN BRONZE
VASES, STATUETTES, BRULE-PARFUMS, ÉMAUX CLOISONNÉS
ÉTOFFES
MEUBLES, DIVINITÉS, VITRINES
BELLE COLLECTION D'ESTAMPES ET DE PEINTURES
LIVRES EUROPÉENS ET CATALOGUES D'OBJETS D'ART ILLUSTRÉS

EXPOSITION
Le Dimanche 14 Mai, de 2 heures à 5 heures.

VENTE
Du Lundi 15 au Vendredi 19 Mai 1899, à 2 heures précises.

HOTEL DES COMMISSAIRES-PRISEURS, RUE DROUOT
Salle n° 8.

Me E. BARTAUMIEUX
COMMISSAIRE-PRISEUR
rue Saint-Honoré, 334

M. ERNEST LEROUX
EXPERT
rue Bonaparte, 28

COLLECTION J. TELINGE

LAQUES

BOITES, COFFRETS, ÉCRITOIRES, COUPES A SAKÉ, PLATEAUX EN LAQUE D'OR ANCIEN ET EN LAQUE NOIR A INCRUSTATIONS

1. **Très belle boite ronde** et plate, cerclée d'étain, en laque d'or. Décor sur le couvercle : feuillages et fleurs en étain et burgau ; à l'intérieur : un ruisseau.

   Signé : HOKIO-KORIN.

2. **Petite boite plate,** quadrilatérale, en laque d'or. Sur le couvercle une clôture de jardin avec un massif de pivoines fleuries en application d'or et d'argent. A l'intérieur, trois petites boites en laque d'or, aventuriné, de couleurs différentes. Sur chacune une guirlande de feuillages. Tous les intérieurs en aventurine fine.

3. **Belle boite en laque d'or,** carrée, à pans coupés avec médaillon dans chaque panneau, en laques d'or de différentes couleurs. Chaque panneau sur la partie supérieure de la boite contient une sorte de divinité jouant d'un instrument de musique. Chaque médaillon correspondant de la partie inférieure de la boite contient plusieurs des instruments usités au Japon. Le dessus du couvercle est de forme carrée, pavé d'or, décoré d'une bourse avec sa cordelière, un écran chasse-mouche, un chapeau, etc., très finement dessinés. Le laque entre chaque médaillon est veiné et imite le bois. Très belle pièce ancienne.

4. **Boite laque d'or** avec plateau intérieur. Forme d'un volume dont les feuillets du dessus, formant couvercle, sont roulés d'un côté. Décor : sur le couvercle, la terrasse d'une habitation d'où l'on

découvre la campagne avec un cours d'eau ; deux oiseaux viennent se percher sur les branches d'un arbre. Sur les côtés, l'entrée de l'habitation, la campagne, l'eau d'une source amenée par un aqueduc fait en bambou creux. Sur le plateau, un oiseau s'échappe d'une cage renversée. Pièce de premier ordre.

5. **Boite ronde** à parfum en vieux laque. Décor d'éventails laqués or, monture laque rouge.

6. **Boite à parfums**, laque noir, saupoudré d'or, de forme lenticulaire, décor extérieur : un panier de fleurs et fruits avec papillons, à l'intérieur un plateau laqué or, avec écran et feuillage.

7. **Belle boite en laque d'or**, à angles rentrant avec décor rustique sur le couvercle et les quatre côtés. Chaumières et massit d'arbres fleuris. Incrustations d'or et d'argent.

8. **Deux boites laque d'or** accolées, semis de chrysanthèmes et de fleurs de pommier. Plateau à décor de paysage, intérieur aventuriné. Pièce de choix.

9. **Très belle boite** de forme irrégulière en laque rouge sur les côtés et laquée or sur le couvercle. Semis de chrysanthèmes laqués or sur le fond rouge saupoudré d'or. Sur le couvercle un marteau de mineur.

10. **Boite en laque d'or**, dragons en relief ; à l'intérieur un plateau, avec deux personnages en relief. Belle pièce.

11. **Jolie boite en laque d'or** et incrustations de burgau, forme de rognon. Sur le couvercle, des enfants poursuivent des papillons. Le plateau intérieur est orné d'un oiseau sur un rocher.

12. **Boite en laque rouge** et noir avec décor de chrysanthèmes fleuris rouge feu, singe tenant dans sa main gauche un tout petit singe et ayant la main droite appuyée sur la tête. Laque de très belle qualité.

13. **Boite à parfums** laquée or rouge et noir, forme de femme couchée vêtue d'un riche costume, lisant un livre.

14. **Petite boite** en laque d'or, fond aventuriné.

15. **Boite octogone** en laque d'or, chrysanthèmes en relief, intérieur aventuriné. Très belle pièce.

16. **Très belle boite** octogonale en laque d'or. A l'intérieur, un plateau décoré de deux grues au bord d'un ruisseau en burgau. L'extérieur est décoré de cerfs et biches broutant dans un pays montagneux et boisé.

17. **Jolie boite** en laque d'or ayant la forme d'une boîte ronde et d'un écran accolés, à décor de fleurs. Le bord de l'écran est orné d'un ruban en pavé d'argent.

18. **Boite** de forme lenticulaire en laque d'or ancien, semis de fleurettes de pommier sauvage. Intérieur garni de paillettes d'or sur fond laqué noir.

19. **Petite boite** en vieux laque.

20. **Jolie petite boite** à parfums en laque d'or, ancienne, à double compartiment : le 1er est recouvert par un plateau à décor de prunier en fleurs et entouré d'une galerie à dessins géométriques; le 2e contient une série de trois petites boîtes à couvercles, décorées de branches fleuries, le tout en laque d'or, l'intérieur des boites aventuriné. Décor de la boîte extérieure : des courges avec feuillage et fleurs, ors de couleurs diverses. Belle pièce.

21. **Boite en laque d'or** ancien, belle qualité, forme de bourse, décor d'arabesques avec semis de coquillages et d'armoiries, ors de diverses couleurs. Très belle pièce.

22. **Petite boite quadrangulaire** en forme de Netsuké, avec couvercle, décorée d'un masque d'acteur en laque noir Les autres faces de la boite sont en laque d'or mat, au décor de branches de pins. Les arêtes sont en kirikane ou pavage d'or. Ce pavage est un peu fatigué. A l'intérieur, petit groupe sculpté en plein bois. Pièce d'une grande finesse, du XVIIe siècle.
Signée. (Vente BAER, 150 francs.)

23. **Jolie petite boite** longue représentant un instrument de musique (kô-tô) en laque très fin, avec incrustations de burgau. (N° 270 du Catalogue de la duchesse de la Moskowa, 301 francs.)

24. **Petite boite carrée** avec compartiments à l'intérieur. Décor, jeux d'enfants et armoiries.

25. **Petite boite** à parfums en laques divers, aventurinée à l'intérieur, forme de tortue.

26. **Boite à parfums** en laque d'or et rouge, intérieur en laque noir très fin saupoudré d'or, formé d'une pomme avec feuilles et bois d'attache. Très belle pièce.

27. **Petite boite** à parfums en laque d'or et incrustation de burgau, à reflets très brillants bleu, violet et vert sur fond rouge. Décor de fleurs de chrysanthèmes sur un pavage géométrique. Sur le dessus, une bande en laque d'or avec caractères.

28. **Belle boite à parfums** avec plateau. Boîte ronde et concave en laque d'or à divers tons et laque noir. Décor varié sur fleurs de nénuphars. Plateau intérieur, deux jeunes femmes au bord de la mer.

29. **Jolie petite boite** en forme d'éventail, laque noir, décor d'arbres en fleurs, avec semis de burgau.

30. **Charmante petite boite** en laque avec aplat d'or et nuages en semis d'or, intérieur aventuriné.

31. **Boite** formant un double losange, laque noir, à décor polychrome.

32. — **laque d'or,** forme éventail.

33. — **ronde** laque d'or, décor de chrysanthèmes.

34. — **à tabac,** laque noir, décor polychrome étain, pierre dure et nacre.

35. **Petite boite ronde,** laque d'or aventuriné, décor paysage montagneux.

36. **Petite boite carrée** laque d'or, décor géométrique, cerclée d'étain.

37. **Boite carrée,** cerclée d'étain (ancienne). Laque noir et or. Aux armes de Tokugawa-Matsudaira (annob. vers 1600).

38. **Jolie boite** en laque noir extérieurement et d'or avec incrustations de burgau intérieurement, ayant la forme d'un Biva. Très belle qualité. Porte la signature de *Hō-Kio Kōrin*. Pièce ancienne.

39. **Petite boite plate** et oblongue à parfums, en laque aventuriné, à paillettes d'or et incrustations de fleurs en or, argent, corail, nacre avec feuillage laque d'or. Cette boîte en renferme deux autres en laque d'or avec couvercles ornés de branches fleuries en laque à demi-relief.

40. **Petite boîte plate** en forme d'écran, laque aventuriné, paillettes d'or. Deux animaux en laque d'or sous un arbre avec incrustations d'or et burgau.

41. **Jolie petite boite** à parfums en laque d'or ancien, ayant la forme de deux boîtes accolées, avec plateau intérieur. Sur la boite : une perruche perchée sur un arbuste au bord d'un ruisseau. Sur le plateau intérieur, un paysage avec cascade au fond. Pièce très fine.

42. **Boite à parfums** en laque d'or avec incrustations de burgau. Décor : Une femme, en costume de cour, lit, étendue sur une natte. Belle pièce.

43. — **en laque d'or** et de couleur, forme de deux écrans accouplés sur l'un desquels est un sanglier dans les hautes herbes. Belle pièce.

44. — **à parfums,** de forme lenticulaire, en laque noir très fin avec ornements en laque d'or à plusieurs tons et pavage. Ces ornements représentent des feuilles de papier sur lesquelles sont tracés des branches de pin, des terrains. Intérieur aventuriné. Diamètre $0^{m},08$. Charmante pièce.

45. — **en laque d'or** avec plateau intérieur, très belle qualité, de forme losangée. Sur le couvercle un cerf et une biche dans la montagne, près d'une chute d'eau au milieu des rochers. Sur le plateau un vieil arbre au tronc contourné.

46. **Petite boite ronde** à parfums, en laque d'or et argent frotté. Décor : un paysage, montagnes au fond. Au premier plan un enfant, sur le dos d'un bœuf, joue de la flûte.

47. — **lenticulaire** faite d'un oursin de mer. L'intérieur est en laque, aventuriné, avec dessin d'algues marines très finement exécutées. Le centre extérieur de la boite et du couvercle est également aventuriné avec l'armoirie de la famille Andô, XVIIIe siècle, établie depuis 1756 à Taïra.

48. **Boite laque fin** rouge et noir, de forme lenticulaire avec semis de fleurs de chrysanthèmes, à l'intérieur, décor de fleurs sur laque d'or.

49. **Boite à parfums,** de forme lenticulaire, à fond d'aventurine. Le couvercle est décoré de feuillages et fleurs laqués or à deux tons. Sur les feuilles or vert, il y a un pavage d'or jaune. Intérieur richement aventuriné. Diamètre : $0^{m},08$. Très belle pièce.

50. **Petite boite ronde** laque noir, ornée sur le couvercle d'un bouquet en relief en application de pierres de couleur et nacre.

51. **Boite en laque noir,** à recouvrement et petit bronze d'attache, décorée de branches très délicates de fougère laquées or.

52. — **à parfums,** de forme lenticulaire, en vieux laque d'or avec incrustations d'étain et burgau sur fond aventuriné. Décor sur le couvercle. Une poétesse écrivant à sa fenêtre d'où l'on voit un jardin avec rocher, arbre, pièce d'eau dans laquelle se reflète la Lune. Sous la boite : fleurs en laque d'or alternant avec fleurs en étain, à l'intérieur, sous le couvercle, un Renard en étain au milieu de plantes laquées or et nacre. Pièce ancienne.

53. — **ronde en laque,** décor persillage d'une très grande finesse, renfermant sept petites boites rondes à parfums laquées or.

54. **Petite boite à parfums,** en laque d'or, ornée de dessins géométriques et feuillages finement dessinés, et rugueux pavé de parcelles d'or.

55. **Boite carrée,** cerclée d'étain, laque aventuriné, sur le couvercle, décor de Grues dont les unes volent et les autres sont à terre, le long d'un ruisseau. Pièce ancienne.

56. **Petite boite ronde,** cerclée d'étain, en laque brun, ornée de deux chiens laqués or sur un fond d'arabesques également laquées or.

57. **Boite en laque noir,** décor laqué or, fougères, travail japonais, très fin d'exécution.

58. — **à parfums,** en laque d'or, intérieur aventuriné, en forme de courge à côtes avec feuillage.

59. **Belle boite ronde,** en laque d'or, plateau intérieur avec cavité ronde au centre, dans laquelle entre une boite à double compartiment en laque d'or. Décor : paysage montagneux. Très belle qualité.

60. **Boite laque d'or** hexagone, aventurinée intérieurement, ornée extérieurement de paysages en relief avec cours d'eau et rochers. Elle renferme trois boites avec couvercle, en forme de losange en laque d'or usé, posées sur un plateau intérieur à support entrant dans la boite. Le tout caché par un plateau à paysage laqué d'or. Couvercle dans le même style que les côtés de la boite. Très belle pièce, XIXe siècle.

61. **Très jolie petite boite** carrée renfermant un plateau supportant deux petites boites à parfums, laquées or. Le couvercle de la grande boite est orné de feuillages en incrustations d'or, d'argent, burgau et corail, semées sur un pavage d'or.

62. **Boite à réserve** à Saké, en laque noir très fin, orné de tiges fleuries de chrysanthèmes sur chaque face à côtes. Sur le dessus un goulot mobile en métal pour transvaser le liquide.

63. **Petite boite ronde et bombée** en laque rouge de Pékin. Deux personnages dans un jardin.

64. — **cylindrique,** couverte en ivoire gravé. Sur le couvercle : une branche de chrysanthème fleurie, un ornement. Sur le cylindre : deux personnages assis sous des Pins au bord de la mer et jouant. La boîte renferme quatorze fiches en ivoire gravé : sur sept un personnage tenant à la main une palme, un éventail, une fleur, etc. Sur les sept autres ; un personnage à tête d'animal. Au-dessus de ces personnages des caractères gravés en creux et teints en bleu. Au verso de trois de ces fiches sont des caractères gravés et teints en rouge.

65. — **carrée,** laquée rouge sur chaque face, dans un cadre des Oiseaux et des fleurs laqués or au trait, sur fond noir. L'intérieur est laqué argent. Sous le couvercle un paysage laqué or sur fond noir, forme ronde.

66. **Très belle boite** en laque d'or de qualité fine, en forme de biwa, avec incrustations de burgau, ors de couleur.

67. **Petite boite** en vieux laque, feuilles de momidzi

68. **Brûle-parfums** en laque.

69. **Boite ronde,** laque brun, décor en relief.

70. — **en laque d'or** ancien, forme de poisson.

71. **Très belle boite,** carrée, plate, riche décor, vieux laque d'or.

72. **Boite hexagonale,** avec plateau intérieur.

73. — en forme de papillon.

74. **Belle boite,** décor d'éventail.

75. — de forme irrégulière.

76. **Boite à pans coupés,** riche décor de laque d'or ancien.

77. — **en laque d'or,** forme losange.

78. — forme chat.

79. — carrée, plate, laque d'or.

80. — carrée, plate, laque d'or.

81. — ronde, avec trou au centre, en laque d'or.

82. **Jolie boite** sur pied.

83. **Jolie petite boite** oblongue.

84. **Belle boite** de forme irrégulière, laque d'or ancien, bateau avec sa voile, et vagues à pointes d'argent.

85. **Vieux laque,** boite ovoïde.

86. **Boite** en laque, sculptée et ajourée.

87. **Petite boite à parfums** forme rognon, cerclée étain, vieux laqué *maki Hirami* (or saupoudré). Décor : une clôture d'habitation avec la porte ouverte. Sur cette porte un hibou et quelques branchages d'arbre en fleurs.

88. — à parfums en laque noir et or avec paillettes d'or, forme de trèfle. Un pigeon sur un rocher or et argent.

89. **Boite en laque d'or** usé.

90. — laquée d'or, intérieur à paillettes d'or et orné de papillons laqués or et burgau, décor extérieur paysage rocheux au bord de l'eau.

91. **Coffret carré** à couvercle, à revêtement sur le couvercle et les côtés de laquage avec incrustation d'or sur fond aventuriné. Décor : un pin au pied duquel est une tortue et une grue. Un anneau avec applique en bronze ajouré de chaque côté.

92. — **aventuriné** à l'intérieur et aux angles extérieurs. Toutes les faces sont divisées en compartiments carrés où sont tracés des caractères.

93. **Petite boite** en forme d'écran, ornée d'un semis de fleurs et feuillages en incrustations d'or, d'argent et corail sur pavage d'or.

94. **Boite haute,** de forme rectangulaire, à fond noir, décorée en laque d'or, parties aventurinées, arbustes fleuris et sapins. L'intérieur est divisé en deux compartiments qui contiennent deux cents cartes, dont cent sont ornées des portraits des cent poètes illustres, tandis que chacun des autres porte un vers célèbre de chaque poète. Hauteur : 0^{m},15. (XVIIIe siècle.)

95. **Coffret en laque** noir avec ornements en laque d'or, décoré de cuivres, forme oblongue.

96. **Écritoire en laque** d'or et couleurs à relief. Sur le couvercle, un koto (harpe japonaise à 13 cordes) et une branche de chrysanthèmes sur fond noir pailleté or et aventuriné ; à l'intérieur : chevaux dans la campagne ; pierre à broyer, compte-gouttes et compartiments.

97. **Boite écritoire** en bois naturel de Kiri. Sur le couvercle un bouquet de fleurs laqué or et des fleurs de cerisier en incrustations de burgau ; à l'intérieur, une dame revêtue de riches habits, assise sur une terrasse devant un koto, à côté un brûle-parfums, dans les nuages la lune, fond aventuriné or. Dans le corps de la boite un godet à eau en bronze, et une pierre à délayer l'encre de Chine, cette pierre est entourée d'un cadre pris dans la masse et portant des caractères.

98. **Petite écritoire** en laque noir. Décor : un arbuste en fleur avec des caractères cursifs en argent. Intérieur aventuriné sans décor.

99. **Petit modèle d'écritoire** en laque d'or. Décor sur le couvercle : un paysage avec un grand pin au premier plan ; à l'intérieur quelques plantes d'eau sur fond aventuriné.

100. **Boite écritoire.** Belle pièce en laque noir, décor, coq et poule avec semis d'or. Intérieur aventuriné, décor en relief.

101. — écritoire, laque d'or aventuriné, riche décor, personnages et danseurs de Nô.

102. — **écritoire,** en laque brun, décor en relief.

103. — **en laque noir.**

104. — **laque rouge,** personnages et inscriptions.

105. — **laque noir,** avec incrustations, sur quatre pieds.

106. — **ronde** laque vert, trois armoiries polychromes ajourées.

107. **Deux boites en laque.**

108. **Boite en bois sculpté.**

109. — **à thé,** laque d'or, avec bambous.

110. — **Inrô,** laque d'or.

111. — **en laque d'or,** sur pied, avec une boite à cinq compartiments à l'intérieur.

112. — **ronde,** à décor de chrysanthèmes.

113. **Cantine japonaise** en laque doré, avec tous ses accessoires en laque et deux flacons à eau-de-vie en étain. XIXe siècle.

114. **Brasero laqué** et aventuriné avec incrustations d'étain et de burgau. Couvercle en métal ajouré (Genre Korin).

115. — en laque aventuriné, de forme ronde, à six compartiments, recouvert d'un grillage en cuivre à jour imitant le cannage. Garniture intérieure en cuivre. Sur chaque compartiment, des ornements en laque d'or. Fleurs et feuillages alternant avec les armoiries des *Môri*, branche cadette des Môri, apparue au XIIIe siècle et annoblie vers 1634 (résidence Tokuyama).

116. **Boite en laque d'or,** forme irrégulière, décor lune dans les nuages.

117. — **à thé,** laque imitant le bois, forme tambour, avec armoirie sur le couvercle.

118. — **laque vert,** armoiries en couleur ajourées.

119. **Boite ronde,** en laque d'or, cerclée d'étain.

120. — **en forme d'Inrô,** laque d'or, personnages en relief, intérieur aventuriné.

121. — **lenticulaire,** laque brun, dont chaque valve présente en relief deux divinités en bois naturel se détachant sur fond rouge, quelques parties dorées.

122. — **en laque rouge** sculpté, bordure en grecque, travail chinois, XVIIIe siècle.

123. — **ronde** en bois, bordure en grecque.

124. — **vieux laque,** grues.

125. — **en laque d'or,** forme casque.

126. **Plateau en laque rouge,** sculpté. Travail chinois, daté du règne de Kien Long.

127. **Autre plateau** analogue.

128. **Petit plateau** carré en laque du Japon or et couleurs en relief, personnages jouant aux échecs.

129. **Plateau vieux laque,** fleurs en relief, dessous aventuriné.

130. **Petit tabouret d'étagère,** carré en laque rouge sculpté, à quatre pieds élevés sur plateau. Le décor représente des pins sortant de rochers, des pruniers en fleurs et des roseaux. XVIIIe siècle.

131. **Boite laque d'or.** Un canard mandarin.

132. **Coupe à saké** en laque or sur fond rouge. Un albatros posé sur le bord d'un bassin.

133. — en laque or sur fond rouge. Une carpe. *Signée :* Kadjikawa. — Coupe à saké en laque or sur fond rouge. Une cascade. *Signée :* Zaïtshiou.

134. — en laque or sur fond rouge. Un oiseau de Hô. *Signée :* Shoseisaï. — Coupe à saké en laque rouge.

135. **Petit pot** en laque d'or avec semis de paillettes d'or sur fond aventuriné, garni intérieurement de métal, forme de vase à six pans. Couvercle à bouton, orné de fleurs avec incrustations d'or, nacre, corail.

136. **Tchairé en laque d'or,** fleurs de pawlonia, fond aventuriné.

137. **Personnage laque or,** appuyé sur une caisse et tenant une bourse de sa main droite. Intérieur aventuriné.

138. — laqué or et burgauté, jouant à un jeu posé sur ses genoux. Une boite à ses côtés. Intérieur aventuriné.
Deux pièces remarquables.

139. **Statuette** en laque rouge.

140. **Petit cabinet moderne** en laque. — **Petite boite** en laque. — **Boite ronde.**

141. **Boite ronde** avec incrustations de burgau. — **Boite ronde** avec incrustations de nacre.

142. — **oblongue,** laque aventuriné, décor d'armoiries, papillons à l'intérieur.

143. **Belle boite** en laque d'or, de forme irrégulière, incrustations de nacre, fond aventuriné.

144. **Boite en laque d'or** aventuriné, décor de bambous.

145. — Fleurs en relief. Belle pièce.

146. — De forme irrégulière.

147. **Deux boites à thé** en laque moderne.

148. **Grande boite ronde** à étoffe supportée par quatre pieds et ornée de cuivre, avec couvercle et cordeliète verte. Laquée noir avec dessins et armoiries laque d'or.

148 *bis*. **Grosse boite** en forme d'œuf, à décor de fleurs dorées.

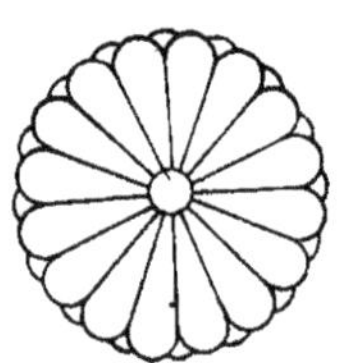

INRO

BOITES PORTATIVES A COMPARTIMENTS

PIÈCES EN LAQUE DU XVIIe DU XVIIIe ET DU XIXe SIÈCLES.

149. **Inrô** en laque d'or ancien, d'argent et de couleur, avec incrustations de burgau. Un oiseau sur une branche de chrysanthèmes fleuris. Sur l'autre face un rocher dominant la mer. Travail très fin et dessin très soigné. *Signé :* DJOU-EÏ.

150. **Boîte** en forme d'inrô à trois compartiments, décorés en bleu sous couverte de plantes fleuries, avec Netsuké et coulant. Les trois pièces en porcelaine de Hizen. XVIIIe siècle.

151. **Inrô** en laque d'or sur fond noir saupoudré d'or. *Signé :* INÉ-HA. Les 53 stations du Tokaïdo, route orientale de Kyoto à Yedo. La route commence par Nihon bashi (pont du Japon) à droite dans le bas et se termine par Yedo.

152. — décor de grues, laquées or, noir et rouge, au milieu de grandes herbes dans un paysage à terrain inégal. Netsuké ; un chien de Fô avec la boule précieuse, bois laqué rouge. Coulant : boule de corail.

153. — en laque pavé d'or, orné d'une gerbe de fleurs avec un insecte laqué noir et brun. *Signé :* MORI-HEI KAKOU-SAÏ.

154. à quatre cases et netsuké en ivoire (un chien). Les deux faces sont ornées de coquillages en incrustations de métal, algues, etc., rochers au fond de la mer. Garniture extérieure en argent.

155. — en laque à relief, d'un côté un aigle en argent, prêt à s'élancer sur une proie, de l'autre un aigle noir, au repos sur une branche.

156, **Inrô** en laque d'or frotté, à quatre compartiments, décoré à l'encre de Chine délayée ; d'un côté un montreur de singes ; de l'autre un homme et une femme debout sous un arbre. Par Kano Yoshinobou, d'après Masanobou Très belle pièce du xviiie siècle.

157. — à une seule case en laque d'argent, décoré d'un côté d'un gros poisson en application de burgau teinté et de l'autre d'un poisson plus petit en laque de couleur. xviiie siècle. *Signé :* Hanzan (cachet) Hanzan, élève de Ritsouo. Hanzan de la famille Mochidzouki, le principal élève de Ritsouo, xviiie siècle est aussi appelé Hatchou IIe et on dit qu'il fabriqua même des produits plus fins que ceux de son maître. Voy. Gonse. L'art japonais.

158. — en laque d'or avec applications de métal. Décor : Partie galante sur l'eau ; on danse, on prend du thé. Le batelier pousse la barque avec une longue perche. Très belle pièce.

159. — en laque d'or à quatre compartiments. Décor d'arbres en laque usé ; grues en relief en laque d'or à plusieurs tons. Belle pièce, très fine, haut. 75 millimètres ; larg. 51 millimètres ; provenant des collections Victor Pollet et Lebeuf de Montgermont. (Vendu 220 francs à cette vente.) *Signé :* Hassenaga-Shigéyoshi. Cet artiste réputé comme laqueur, a fabriqué des Inrôs très recherchés au xviiie siècle.

160. — en laque noir, décoré en or à relief, avec portions de burgau et incrustations d'argent et or ciselé. Le dieu des lettrés repose, le bras appuyé sur un cheval qui est couché à ses côtés. Sur l'autre face un dragon dans les nuages. xviiie siècle.

161. — en laque noir brun saupoudré d'or, à quatre compartiments. Décor au recto : deux rats gravés, l'un dans l'épaisseur du bois, l'autre sur nacre ; au verso, un rat sur nacre, deux coquillages et un trépied portant des fruits. Netsuké en ivoire ancien formé de trois coquillages de mer dont l'un renferme un Bernard l'Ermite. *Signé :* Shô-Shoun Saï.

162. — laqué à reliefs. Sanglier baugé dans les herbes. Netsuké simulant un fruit.

163. — **Bel Inrô** en laque Moura-Nashyi ou Maki Hiramé. Un aigle laqué d'or sur un perchoir en burgau orné d'une draperie et de cordelières en passementerie. Sur l'autre face un aigle en application

d'or, sur un perchoir avec draperie et cordelières. Signature et cachet rouge. KÔ-AMI-NAYO-TAKA, artiste laqueur du XVIIIe siècle. Ses laques sont d'une grande finesse et d'une couleur d'or qui lui est particulière.

164. **Inrô** en laque d'or et couleurs. Une barque chargée de passagers de toutes conditions quitte le rivage, poussée par un batelier. Pièce signée.

165. **Curieux Inrô** en bois sculpté, formant étui dans lequel se renferme un deuxième étui contenant trois compartiments avec un tiroir dans chacun. Sur chaque face de l'étui des sculptures représentant les sept philosophes dans la forêt de bambous.

166. **Inrô** en laque d'or. Grues dans un bois de bambous. *Signé* : KADJI-KAWA. Nom de famille d'un très célèbre artiste en laque attaché à la Cour de Yedo. Le premier du nom est Kinjiro qui produisit les œuvres les plus remarquables au XVIIe siècle. Ses successeurs ont produit de belles œuvres jusqu'à la fin du XVIIIe siècle. On connaît un Kadjikava-Kinjiro de Yedo en 1781.

167. — à cinq cases en laque d'or, avec incrustations d'étain et burgau (genre Korin), décor : plantes fleuries et papillons voltigeant au-dessus. Coulant en corail rose; Netsuké en ancienne porcelaine de Satzouma.

168. **Petit Inrô** à quatre cases, fond aventuriné. Décor : un vol de grues au-dessus de tortues d'eau. Pièce fine, signée SHÔ-YU-SAI.

169. **Inrô** en vieux laque noir, saupoudré d'or. Au recto, une lanterne en laque d'or, burgau et étain ; au verso une grue en étain. Netsuké en bois sculpté sous forme de coquillage entr'ouvert et laissant voir une barque montée par deux personnages et une habitation. Coulant en cloisonné.

170. — en laque noir, ayant pour décor un saule pleureur en laque d'or, près d'un cours d'eau. Au pied de ce saule, un grand chapeau et un bâton de voyage. Les cases habituelles des Inrôs sont remplacées dans celui-ci par une boîte plate en beau laque noir saupoudré d'or à l'intérieur. Sur le couvercle de cette boîte est une poésie en écriture cursive. *Signé :* KOMA-KIO-RIOU.

171. — en laque aventuriné frotté, avec nuages : sur une face, deux grues or, argent et noir; sur l'autre, le signe Dju (longévité), gros relief. Avec coulant et netsuké.

172. **Inrô** en laque d'or mat, décor en noir, chat sauvage et bambou. Signé.

173. — **Petit Inrô** en bois noir chagriné, sculpté, intérieur aventuriné.

174. **Inrô**, en vieux laque Maki Hiramé et Yaqui Hiramé, de forme ovoïde. Décor : rocher et arbustes fleuris, laqués d'or, avec incrustations de corail et de métal, treillage en incrustation d'argent.

175. — à quatre cases, décoré sur fond noir sablé d'or, d'une aubergine en laque noir mat, frotté d'or. Le revers porte une poésie tracée en caractères cursifs de laque d'or. *Signé :* Kômin (commencement du xixe siècle).

Voir Cat. Burty, n°s 384, 404.

Poësie sur l'aubergine avec la signature de l'auteur Sônô.

Rêver d'une aubergine est un présage de bonheur. Sur une garde de sabre au musée Guimet, décorée de 3 aubergines, une inscription dit « les trois Aubergines apportent le bonheur. »

176. — en laque d'or. Décor : Le dieu du bonheur Djou rō djin au pied d'un arbre, accompagné d'enfants, appelle des grues pour leur donner des graines à manger. Travail très fin. *Signé :* Shô riou Saï.

177. — à quatre cases en laque d'or. Dans un paysage, au clair de lune deux personnages à cheval, applications de métal or et argent. Très belle pièce.

178. — en laque d'or avec application métallique, représentant un danseur de Nô, dans un paysage qui se développe sur l'autre face, avec grues volant au-dessus. Travail très fin.

179. — en laque d'or. Oiseaux dans les fleurs, en relief.

180. — laque d'or. Décor de flots formant des tourbillons, incrustations de nacre et d'étain. Netsuké en bois, petit personnage laqué.

181. — en laque noir, décor de fleuts polychromes.

182. — en bois sculpté naturel. Un canard au milieu des roseaux. Commencement du xixe siècle.

183. — en laque d'or avec incrustations d'ivoire et burgau. Décor : Djo et Ouba (Philémon et Baucis) dans la campagne, une grue vole au-dessus d'eux, une tortue est à leurs pieds.

184. **Inrô** en laque d'or à trois compartiments. Décor : une troupe de chevaux en liberté. (114 chevaux environ.)

185. — en laque d'or avec applications d'or, d'argent et de burgau. Décor : une nuée d'oiseaux volant au-dessus de la mer à travers les branches d'un pin. *Signé :* SHO KIO SAÏ. Netsuké ancien, burgauté. Décor : une branche de pin. *Signé :* TAN-YA, KAN-YA. Boule d'aventurine servant de coulant.

186. — en laque frotté or. Un vol d'oiseaux dont quelques-uns en burgau, en ivoire, en laque d'argent et or. Au-dessous la mer et un bois de pins. *Signé :* DJOU-EÏ.

187. — en laque noir ancien, avec incrustations de burgau, à quatre cases laquées rouge. Oiseaux volant ou perchés sur les bambous.

188. — en laque d'or mat avec dragon et incrustations d'écaille.

189. — en laque noir avec paysages en frottis d'or, netsuké cubique en ivoire sculpté à jour.

190. — en laque noir, dix grues en incrustations de nacre dans des sapins.

191. — à quatre cases, en vieux laque or sur fond noir, avec incrustations de burgau. Décor : un combat. Guerrier à cheval dans les flots, près du rivage.

192. — en laque d'or et incrustations d'étain et nacre (genre Kôrin). Décor : Deux oiseaux sur une branche fleurie, sur la partie opposée des herbes.

193. **Bel Inrô** en laque d'or à cinq compartiments, sur chaque face un cadre rond formé d'un simple trait sur lequel est un sujet champêtre. Au recto, un coq perché sur une branche d'arbre. Au verso, une poule au pied de l'arbre. *Signé :* KÔZAN.

194. — en laque d'or ancien. Un dragon en argent incrusté au milieu des nuages, au-dessus des flots de la mer et de rochers. *Signé :* TSUNÉ MASSA.

195. **Inrô** à quatre cases en laque noir, orné d'incrustations d'étain et nacre, deux lapins et, sur le verso, des herbes.

196. — en laque d'or bruni. Paysage avec ors de divers tons et étain.

197. **Inrô** en laque noir avec lion et dragon polychromes en relief, fond semé d'or. Curieuse pièce.

198. — à cinq cases en laque noir, avec paysage en relief et pavage d'or, montagnes en laque d'or usé. Une malle à terre. Au verso, une poésie en caractères cursifs en argent incrusté. Signature en burgau : KOMA-KIOU HAKOU (XVIIe siècle.

199. — ancien, laque d'or et application d'écaille. Au recto, un personnage est assis devant un jeu de gô. Au verso, le même personnage lutte avec le dieu du tonnerre qu'il terrasse. Pièce curieuse.

200. — en laque d'or. Légende de Chōrio (en chinois Chang-Liang) et Kosékiko. Légende du génie qui remet au vieillard le livre de la sagesse, pour le remercier d'avoir ramassé sa chaussure. *Signé :* KADJI-KAWA. XVIIe siècle.

201. **Bel inrô,** laque d'or frotté et fond noir laque Toghi dashi. Décor : entrée d'un bois sacré avec une lanterne sur chaque face. Netsuké en forme de bouton en ivoire orné d'un oiseau venant se percher sur une branche garnie de feuillage et de graines rouges. Coulant en malachite de belle qualité. Signature et cachet rouge : SHIGHÉNAGA, laqueur de talent, fameux par ses Inrôs (fin du XVIIIe siècle).

202. **Très bel et curieux inrô :** Le Rêve. Un personnage noble, revêtu de magnifiques vêtements, couché sur une natte, au pied d'un arbre, les yeux fermés, la figure couverte d'un écran transparent, semble dormir et rêver. Dans le laque du fond, de couleur brune, sont tracés en laque noir des personnages à chapeaux pointus, accompagnant en faisant de la musique une sorte de palanquin. Les incrustations en burgau qui ornent le vêtement du personnage, la robe brodée d'or et ornée du chrysanthème impérial sont remarquables de finesse et en font une pièce hors ligne. *Signé :* KOMA-KIYORION (XVIIIe siècle).

203. **Inrô** laque d'or. Incrustations d'étain et nacre. Au recto, une grue ; au verso, un personnage s'appuyant sur un bâton.

204. — laqué noir à quatre cases, décoré d'une tige de lys appliquée en étain, avec feuillage laqué, or et nacre. Très belle qualité. Signé : FOUTOGAWA. — Netsuké en forme de bouton loqué. Branche de néflier. *Signé :* SHIN RIOU SAÏ.

205. **Inrô** en laque d'or avec personnage en métal appliqué sur chaque face. D'un côté, un grand seigneur vêtu d'un riche costume brodé à ses armoiries, un éventail à la main ; de l'autre côté, un Shôjo costumé en danseur de Nô. Très curieuse pièce. Signature en laque : KA KIO SIO. Signature sur métal : MOTOYOSHI.

206. — en laque d'or mat, semé de fines paillettes. Le décor représente la mer où navigue dans un bateau de forme étrange, un philosophe chinois. Sur l'autre face, un batelier, debout dans sa barque. *Signé* : KÔMA, XVIIIe siècle (vendu 140 fr. à la vente Burty).

207. **Très bel Inrô** en laque aventuriné (Moura Nashyé), décoré d'un aigle en application de burgau, perché sur une branche de pin en laque d'or en fort relief, sortant d'une fente de rocher, près d'une cascade. Sur l'autre face se continue la branche de sapin au milieu du tourbillonnement de la cascade, dans lequel se reflète une partie du corps de l'aigle. Pièce très fine d'exécution, de très belle qualité et de composition curieuse. *Signé :* KWAN-SHÔ SAI (fin du XVIIIe siècle). — Gland en cornaline et bouton-netsuké en bois laqué. *Signé :* TO-YO (XVIIIe siècle).

208. **Bel Inrô** ancien laque noir. Le massacre du Nuyé, l'oiseau fantastique qui hantait le toit du palais impérial, par Yorimassa, qui l'abat d'une flèche et Ji no Hayata qui l'achève d'un coup de poignard. (Voy. Cat. Anderson, p. 389.) Laque d'or et de couleur. *Signé :* KOMA-KIOU KAKOU (XVIIe siècle).

209. **Inrô**, de petite dimension, de forme carrée, laqué noir avec reliefs or, étain et burgau. D'un côté, un Japonais maîtrise un buffle ; de l'autre, deux buffles couchés. *Signé :* YOSHITAKA.

210. — en laque d'or. Sur chaque face, un danseur de Nô masqué. L'un d'eux, outre l'éventail, tient un épi de grelots. *Signé :* DJU-KEI-SAI BOUN-KO.

211. — laque d'or avec incrustations d'étain et nacre (genre Korin). Plantes d'eau.

212. — en laque d'or avec applications métalliques. Courses de chevaux. Très belle pièce avec double signature : en laque d'or, Koma-Sôzan ; sur plaque en argent, Moto-Yoshi.

213. — laque d'or, avec incrustations d'étain et nacre. Une branche de pin sur chaque face.

214. **Inrô** à quatre cases : volailles en laque d'or à reliefs avec applications de burgau sur fond saupoudré d'or. Poule couchée dans un van. Coulant en ivoire formé par deux masques accolés. *Signé* : YOYU-SAÏ et HARA KOZAN.

215. — en laque d'or. Décor sur chaque face, un aigle sur un perchoir orné d'une cordelière rouge. *Signé* : SHO-KU SAÏ.

216. — en laque d'or, forme carrée, vue d'un temple.

217. — laque d'or, bambous.

218. — laque d'or, paysage montagneux.

219. — en laque d'or, carré, bordure en relief, décor de chrysanthèmes or et argent, fond or mat avec feuillage noir.

220. — en laque d'or, personnages en relief, netsuké en laque rouge sculpté.

221. — à quatre cases, en laque dit Gouri, ayant pour décor un semis de chrysanthèmes à 16 pétales (Chrysanthème impérial) avec une poésie chinoise sur chaque face.

222. — en laque d'or ancien, à cinq cases, avec pavage et application de plaques d'or où sont inscrits les principaux sites remarquables des bords de la Soumida. Signature et cachet rouge.

223. — en laque noir ancien, intérieur aventuriné. Au verso, un dragon en laque d'or avec pavage formant un cercle parfait ; au recto, deux dragons, dont l'un en laque d'or mélangé de pavages d'or et l'autre en laque or et rouge frotté. Sur les côtés et le dessus, des feuillages en laque doré avec chrysanthèmes en applications d'or. Base aventurinée.

224. — aventuriné extérieurement et intérieurement, à quatre cases. Décor : un tronc d'arbre évidé, plein d'eau, en laque usé, fleurs, feuillages et un seau.

225. — à quatre cases, en laque d'or. Paysage avec habitations et arbres. Sur le chemin, pavé en or vert, deux personnages marchant en sens inverse. Les toits des habitations, les vêtements des paysans et un arbre sont en or jaune. Intérieur aventuriné. Hauteur, $0^{m},075$.

226. **Inrô** en laque rouge, dit laque Tsouishou. Deux personnages assis à une table et conversant. Un troisième personnage tenant un écran à la main vient se mêler à leur conversation. Netsuké en ivoire (forme de bouton sans ornement) et coulant en pierre bleue garnie d'argent.

227. — de forme carrée, avec ornements de burgau et de nacre. Sur une face, une mante religieuse en haut relief.

228. — en laque couleur bois, figurant une tortue avec toutes ses rugosités ; les côtés laqués or, ornés de fleurs de chrysanthèmes, coulant agate avec Netsuké en forme de petite tortue en bois. Signature sur la petite tortue.

229. — en laque d'or, de forme ovoïde à quatre compartiments. Au recto, décor : un coq en laque d'or rouge et noir chante, perché sur un tambour, fond de paysage ; au verso, une poule avec trois poussins. Pièce très fine, signée NI-KO-SAÏ. Netsuké en laque de Pékin, représentant le dieu Hoteï, voyageant sous un ciel où la lune montre son croissant.

230. — en bronze oxydé, à deux compartiments, enrichie de figurines rapportées, en argent, finement ciselées, niellées et dorées. Les gorges sont en argent. Décor : Tanabata (La tisserande). Pièce signée : GAZAN MASSA-HIDÉ. Haut. 0.056, largeur 0.040. Provient des collections Rougemonr de Lowenberg et Lebeuf de Montgermont. Acheté 115 francs à cette vente.

231. — en laiton, piriforme, portant pour décor des caractères chinois en vigoureux relief. XVIIe siècle.

232. — en fer ciselé et incrusté d'or. Le décor représente des châteaux forts sur la montagne et des habitations au bord de l'eau, traversée par un pont. Sur l'autre face, une baie avec un village et des collines au fond. XVIIIe siècle.

233. — à trois cases, ivoire, avec netsuké également en ivoire ancien. Au recto, un couple de cailles ; au verso, une caille et son petit au milieu de branches de millet, finement sculptées. Signature de l'Inrô : OKA-TOMO, âgé de 77 ans. Netsuké. *Signé* : HIDÉMASSA (XVIIIe siècle).

234. — en laque noir, décor de burgau.

235. — en laque noir, frottis d'or et incrustations d'écaille.

236. — carré, pointillé d'or, coq et poule.

237. — laque, pointillé d'or, chrysanthèmes héraldiques en or et écaille.

238. — laque rouge, décor paysage polychrome.

239. — laque noir, personnage sur un bœuf et arbre fleuri, en burgau, netsuké et coulants en burgau.

240. — en bois naturel, à fond strié, sur lequel se détache en bas-relief, sur chaque face, un personnage grotesque assis et les bras levés.

241. — bois sculpté.

242. — en laque aventuriné, vase de fleurs, incrustations de corail. — Inrô en bois de fer naturel ayant la forme d'une pochette, chat sauvage gravé en creux. — Boîte genre inrô à une seule case en laque noir saupoudré d'or. Chevaux en liberté dans la prairie.

243. **Cinq Inrô** en laque sculpté (Gouri) et en laque sculpté rouge (Tsouishou). L'un est signé Yô-SEI.

244. **Quatre beaux Inrô** en laque d'or, avec incrustations de burgau, d'étain, etc.

245. **Inrô** en forme de bouton, laque rouge sculpté.

246. — laque rouge, décor de fleurs en or et écaille.

247. **Deux Inrô** en laque d'or.

248. — en laque d'or.

249. — en laque d'or.

250. — en laque d'or.

251. **Trois Inrô.**

Tous ces numéros, comprenant de belles pièces pourront être divisés à la vente.

PEIGNES ET ÉPINGLES
A CHEVEUX

252. **Peigne** laqué or avec fleur de chrysanthèmes en relief. Grand format.

253. — laqué or. Décor, une grande grue. Grand format.

254. — écaille, orné d'un tronc d'arbre avec branchages garnis de feuilles et de fleurs de cerisier en laque d'or et applications de métal.

255. — en bois d'ébène, décoré d'un chariot à deux roues portant un grand vase en nacre duquel sort une gerbe de fleurs.

256. — en ivoire avec les dents teintées en rouge. Le décor est un semis de feuilles teintées en rouge avec trait d'or.

257. — en vieil ivoire, orné d'une branche de feuillage avec un oiseau en laque d'or.

258. — en ivoire ancien, orné de papillons gravés en ronde bosse, en incrustations de nacre et laqués or, sur un champ d'herbes et épis de graine.

259. — en bois laqué or avec réserves laquées rouge, représentant des feuilles, des oiseaux et des paysages dessinés au trait de laque d'or.

260. — en ivoire, forme de croissant, incrusté en nacre, en écaille et en ivoire, teinté d'une gerbe de plantes fleuries retombant des deux côtés de la tranche. *Signé :* MOUNÉKADZU.

261. — en jade blanc, orné d'un dragon pris dans la masse et gravé. Travail chinois. Sonorité remarquable. Pièce exceptionnelle.

262. — en jade gris avec dos cintré. Une dent cassée.

263. **Peigne** laque usé or sur fond noir, avec fleurettes en relief. — Un peigne en bois laqué, fond noir, avec des grues. — Un peigne en écaille, avec semis d'or. Trois pièces.

264. — en bois d'ébène naturel décoré de fleurs en relief avec incrustations de nacre, un oiseau sortant d'un trou, et un rat. Un peigne laque d'or, fleurs en demi-relief. Deux pièces.

265. **Dix peignes** en laque, écaille, bois laqué, etc.

266. **Cinq peignes** anciens en ivoire, en laque d'or, en laque rouge, etc.

267. **Trois barrettes** de coiffure à bouts recourbés en laque d'or et dessins divers.

268. **Trois épingles** à cheveux en métal doré et argenté avec ciselures; ornées d'un bouquet de fleurs avec corail en petites perles et de pendeloques avec chaine en métal.

269. **Six épingles** en métal, ornées d'incrustations et d'appliques en or, en corail, etc. — Six épingles en écaille, ivoire, laque, etc., 12 pièces.

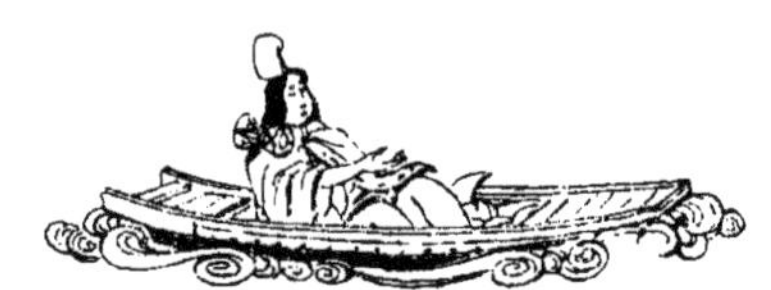

PAGODES, AUTELS PORTATIFS DIVINITÉS BOUDDHIQUES

270. **Deux divinités** assises, en bois sculpté (racine de bambou). Socles en bois de fer, travail chinois. Une des divinités tient un volume roulé; l'autre, ayant à ses pieds un chien de Fô, porte un sceptre. De la collection de l'amiral Coupvent des Bois.

271. **Petite pagode** en bois laqué noir contenant trois divinités en bois sculpté peint et doré: la déesse Benten, Bishamon et Daï-Kokou; l'intérieur des volets présente une suite de fidèles leur apportant des offrandes. Travail très ancien (XVIe siècle).

272. **Deux statuettes** en bois sculpté peint et doré. Gardiens du ciel, l'un souriant, l'autre menaçant. Bishamon (ouest) Dji-Kokou (est). XVe siècle.

273. **Statuette** en bois sculpté, peint et doré. Divinité assise. Travail chinois (le socle manque).

274. **Sceptre** de prêtre japonais. Dragon tenant un fruit dans lequel est enchâssée une divinité. XVIIe siècle. *Signé*: Ghio Kouzan.

275. **Amida,** assis les jambes croisées sur un lotus, tenant l'index de sa main gauche dans la main droite, gloire ajourée en forme de feuille de figuier. Sur la tête, une sorte de tiare élevée, avec diadème et ornements descendant sur la poitrine. Jolie petite statuette. Socle en bois doré.

276. **Petite pagode** de laque noir dont les portes garnies de cuivres dorés sont ornées du Chakra (roue de la loi) et contiennent la statuette du dieu de la guerre Marissi-ten sur son sanglier. Intérieur doré, lambrequin sculpté peint en bleu, avec la roue de la justice, laque d'or.

277. **Petite chapelle** à double ouverture de volets laqués noir extérieurement et conservant des restes de peintures sur fond d'or à l'intérieur. Côté. Petite chapelle ornée de deux colonnes. Un rocher supporte un lotus épanoui sur lequel est assis KOUAN-YIN entourée de deux divinités, la tête nimbée. Au-dessus de ce groupe, une niche ronde garnie d'un verre où étaient déposées des reliques. Côté opposé : Sur un rocher supportant un lotus épanoui, KOUAN-YIN debout une main levée. Au-dessus, un reliquaire.

278. **Petite chapelle** paraissant fort ancienne. Les statuettes sont extrêmement fines d'exécution et bien conservées. Il n'y a que les peintures sur les volets qui ont été abîmées et mal restaurées.

279. **Petites chapelles** avec divinités en bois sculpté, à l'intérieur. — Sept pièces qui seront vendues séparément.

280. **Petit autel** portatif en laque. Un Bouddha à l'intérieur.

281. **Divinité japonaise** en chapelle. Amida, debout sur un lotus, supporté lui-même par deux dragons entre Kouan-nôn et Seissi.

282. **Deux petites statuettes** de prêtres bouddhistes dont l'un égrène un chapelet ; l'autre a les mains jointes.

283. **Deux divinités** bois sculpté.

284. **Statuette** en bois, moine bouddhique.

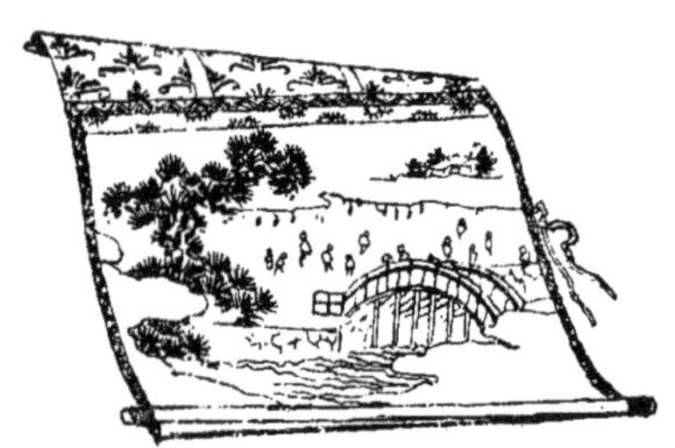

NETSUKÉ

EN BOIS ET EN IVOIRE

285. **Netsuké** en ivoire en forme de coussinet, représentant des feuilles de papier repliées, chacune ornée d'un personnage gravé en creux. Pièce fine d'exécution. Signature MINKOKOU.

286. — en ivoire ancien. Une jeune mère portant son enfant. A ses pieds un chat. Œuvre pleine de grâce et de charme.

287. — ivoire ancien. Une barque chargée de passagers, à l'avant le marinier, vêtu seulement de son foudoshi, pousse sa barque avec une perche. Pièce amusante. Signé :

288. — en ivoire. Groupe de cachets.

289. — Ivoire ancien. Un chien de Fô jappant. Dans sa gueule une petite boule mobile. Sous le socle un cachet. — Autre netsuké. Personnage accroupi, en robe rouge, faisant une vilaine grimace.

290. — en ivoire sculpté ancien. Un homme, se tenant debout sur une seule jambe, crie de toutes ses forces en se bouchant les oreilles de ses deux mains. Pièce signée. — Petite pièce d'étagère en bois sculpté ancien. Un homme cherchant à prendre un rat qui lui monte dans le dos.

291. — en bois sculpté ancien, ayant la forme d'un masque de démon. Signé. — Netsuké en bois sculpté ancien, masque de démon, yeux métallisés, figure grimaçante, large face. Signé.

292. — en ivoire sculpté ancien. Groupe de chevaux. Signé. — Netsuké en ivoire ancien. Un vieux bonhomme tenant un gros coquillage.

293. **Netzuké** ivoire ancien. Petite tortue montant sur une feuille de lotus. Le tout reposant sur un cachet. Signe de longévité. — Netsuké ivoire ancien. Un dragon enlaçant une boule ajourée dans laquelle a été réservée une boule plus petite se mouvant dans la première. Très curieux travail.

294. — en ivoire ancien. Masque à la confection duquel travaillent deux sculpteurs. Signé. — Netsuké en ivoire ancien. Un sculpteur évidant un masque. Charmante pièce.

295. — en ivoire. Cloche bouddhique soutenue sur les flots par les génies de la mer. Signé. — Netsuké en ivoire ancien, femme japonaise assise par terre, le bras appuyé sur un tabouret.

296. — en ivoire ancien. Un mauvais génie, accroupi dans un baquet rempli d'eau, se fait laver le dos par un masseur. Signé. — Netsuké en ivoire ancien. Diable pilant une drogue dans un mortier qu'il tient entre ses jambes. Signé.

297. — en ivoire ancien. Deux lutteurs. Belle pièce.

298. — ivoire. Groupe de trois personnages, deux frappant sur des tambours et un troisième dansant, un éventail à la main. Signé.

299. — en ivoire ancien. Un démon, appuyé sur un bras coupé de géant. Signé. Iko-saï. — Deux chiens de Fô jouant autour d'une boule. Chaque chien a dans sa gueule une petite boule mobile prise dans la masse.

300. — en ivoire ancien. Un lutteur dansant et riant aux éclats. Ce netsuké devait faire partie d'une trousse de lutteur. Pièce signée.

301. — ivoire. Une femme, coiffée d'un vaste chapeau, porte dans le pli de son vêtement un petit enfant. Deux autres enfants se tiennent à ses côtés. Signé. — Netsuké ivoire. Enfant jouant derrière un écran à colin-maillard. Groupe amusant de cinq figures. Signé.

302. — ivoire. Un acteur riant en ôtant son masque à figure de diable devant un enfant. Signé. — Netsuké ivoire. Un marchand de fruits. Signé.

303. — ivoire. Hoteï sur son sac et deux enfants. Signé. — Netsuké ivoire. Deux enfants roulant une grosse boule de neige.

304. **Netsuké** ivoire teint. Quatre musiciens entourent un socle sur lequel est monté un acteur se montrant au public après avoir enlevé son masque à tête de chien.

305. — ivoire. Un enfant donnant à manger à une grue accompagnée de ses deux petits. Signé. — Un guerrier à cheval tenant de sa main droite une masse d'arme. Pièce en ivoire signée.

306. — en ivoire. Un homme au buste nu et tatoué, et dont le vêtement retombe sur les jambes également tatouées, enfonce sa lance au défaut de l'épaule d'un guerrier couché à terre. Signature. — Netsuké ancien. Le Sennin Kin-Kô sur sa carpe. Signé.

307. — ivoire. Groupe de sept masques accolés. *Signature :* Rakou-Wosaï. Netsuké en vieil ivoire. Cheval au pansement. Signé.

308. — en bois sculpté. Enfant assis à terre, les jambes croisées et jouant avec un masque mobile de démon cornu. — Autre Netsuké même sujet.

309. — en bois finement sculpté. Un démon entraîné par la mort. — Netsuké ancien en bois sculpté. La mort entraînant un mauvais diable. Signé.

310. — en ivoire, très ancien. Le dieu Djiou-Rô-Djin assis par terre et tenant un écran de sa main droite. Pièce très belle et remarquable d'expression.

311. — ivoire ancien. Jeune mère et son enfant. Signé.

312. — ivoire. Enfants autour d'un grand vase. Signé. — Netsuké en ivoire. Rat rongeant une courge. Pièce fine d'exécution et signée.

313. — ivoire ancien. Assinaga, l'homme aux grandes jambes, bâillant en s'étirant les bras. Signé.

314. — ivoire. Danseur de Nô. Signé. — Netsuké ivoire ancien. Un homme nu jusqu'à la ceinture et accroupi par terre bâille en s'étirant les bras.

315. — ivoire ancien. Cavalier et serviteur. Légende de Chang-Liang. Signé Guiokou Riousaï.

316. — ivoire. Plongeuse surprise par des pieuvres. Signé.

317. **Netsuké** ivoire ancien. Légende de la chaussure repêchée par l'entremise d'un dragon. (Signé.) — Petite pièce d'étagère en ivoire ancien. Acrobate (enfant) marchant sur ses mains, les pieds en l'air. Très exact de mouvement et d'expression.

318. — ivoire ancien. Une divinité, tenant de ses deux mains une fleur de lotus en bouton, semble voler à travers l'espace, sa grande écharpe flottant au vent. Pièce extrêmement gracieuse et fine d'exécution. Signée.

319. — ivoire ancien. Sur une barque de plaisance richement ornée, divers personnages dont l'un, couché sur le pont supérieur, fume sa pipe. Petite pièce très fine.

320. — ivoire ancien. Petite barque recouverte d'un toit de feuillage sous lequel sont trois personnages faisant de la musique ; à l'avant, le batelier pousse sa gaffe. Pièce très fine et signée. — Netsuké ivoire. Légenge du cheval sortant de la gourde. Signé.

321. — ivoire ancien. Homme cherchant à faire rentrer un rat apprivoisé dans sa boîte. Expression bizarre de l'homme. Pièce signée. — Netsuké en ivoire. Un cavalier poussant son cheval au galop en le frappant d'un bambou. Signature.

322. — ivoire ancien. Le diable se faisant scier les cornes par un bonze. Jolie pièce signée : Tomotchika, fabricant célèbre de netsukés du XVIIIe siècle. — Netsuké en ivoire ancien. Un homme à cheval sur une grosse courge cherche à la scier en deux.

323. — ivoire ancien. Un des rakans, disciples immédiats au nombre de 500 du Bouddha Çakya Mouni, tient le *Patra* (bol) d'où s'échappe un dragon. Signé : Toyo-Massa, province de Tau-ba.

324. — ivoire ancien. Jeune mère assise par terre portant pour tout vêtement une ceinture de feuillage. Son enfant lui prend le sein de la main droite. Signé.

325. — ivoire. Acteur amusant deux enfants avec un masque. — Netsuké ivoire ancien. Sous un pin une guésha prend des mains d'un serviteur son *tsouzoumi* (tambourin en forme de sablier). Pièce très fine et signée.

326. — ivoire. Femme allaitant un vieillard. Signature.

327. **Netsuké** ivoire. Une jeune femme tenant un fruit qu'un enfant lui demande, et un singe grignotant un fruit.

328. — ivoire. Deux perdrix. Pièce signée. — Netsuké ivoire. Un coq sur une branche de millet. Signature.

329. — ivoire ancien, forme de tête de mort. La mâchoire inférieure est articulée.

Kouang-ti, dieu de la guerre, est un des dieux populaires de la Chine. Il a des temples dans toutes les villes. C'est un général divinisé qui vient au temps des *Trois Royaume* (1er siècle de notre ère).

330. — ivoire. Un chien de Fô se grattant. Dans sa gueule une petite boule mobile. — Netsuké ivoire. *Kouang-ti,* debout, vêtu, par-dessus son armure, d'une robe de cérémonie. Il tient d'une main sa longue barbe et de l'autre une hallebarde. Signé.

331. — ivoire ancien. Un tambour crevé par un démon au-dessous duquel un autre démon avec une gourde d'où s'échappe un nuage de fumée. — Netsuké ivoire ancien. Jeu de gô. Les deux joueurs assez finement sculptés sont pris dans la masse d'ivoire représentant une mandarine.

332. — ivoire teint. Trois musiciens au pied d'un socle sur lequel est un personnage ayant la tête cachée dans la gueule d'un animal fantastique. Sous le socle un cinquième personnage frappe sur une cimbale.

333. — ivoire. De nombreux singes jouant sur une barque. — Netsuké ivoire. Un vieillard et deux enfants qui jouent.

334. — bois noir. Un diable attire à lui au moyen d'une corde passée autour du cou un homme qui se rejette en arrière. Les deux personnages sont sur une feuille de Nelumbo dont le centre est muni d'un trou garni d'ivoire. Les yeux du diable sont en corne transparente. *Signature :* Toyomassa. — Netsuké ivoire. Un mauvais génie pile du riz dans un mortier. Expression remarquable. Signature.

335. — bois ancien à tête mobile. Homme assis, avec des lunettes sur le nez. Pièce fort curieuse. — Netsuké ivoire ancien. Grande dame de la cour se promenant avec un enfant et un petit chien.

336. — ancien en bois avec la figure et les pieds en ivoire. Danseur de Nô. — Netsuké ivoire. Un voyageur, le bâton à la main et un singe sur les épaules. Signature.

337. **Netsuké** bois. Sorte de seau quadrangulaire renversé sur lequel est un crapaud. Le réalisme du seau défoncé, en vieux bois pourri et la finesse de sculpture du crapaud sont remarquables et en font une pièce charmante. *Signature* : MASSANAO.

338. — bois. Vieille sandale en vannerie supportant un crapaud. Petite pièce très fine. Signature.

339. — Petit **Netsuké** en bois. Un squelette agenouillé la tête appuyée sur la main. Sous le socle un cachet en creux. Pièce d'une grande finesse d'exécution. Signée.

340. — bois. Personnage fantastique à col de serpent (Rokou-Rokoubi). — Netsuké ivoire, en forme de sirène repliée sur elle-même et tenant sa queue de ses deux mains. Travail d'une grande finesse. Signature.

341. — ancien en bois laqué rouge. Un homme assis par terre bâille en s'étirant les bras. — Netsuké de lutteur, ivoire. Dharma dans son linceul.

342. — bois ancien. Groupe de trois chevaux. *Signé :* ISSAÏ.

343. — bois. Quatre aveugles se battant. Bonne pièce ancienne. Signature. — Netsuké ivoire. Daï-Kokou, son marteau de mineur à la main, est assis sur un ballot de riz dans lequel est entré un rat. Signature.

344. — bois ancien laqué or et argent. Un agent de police arrête un malfaiteur. Très belle pièce signée. — Netsuké ivoire. Djiou-rô-Djin « le dieu de la longévité », tenant de la main gauche un écran. Le cerf blanc avec lequel il est ordinairement représenté est derrière lui. *Signature :* MASATOSHI.

345. Petit **Netsuké** en bois ancien. La consultation, scène à deux personnages. Pièce très fine, signée.

346. **Netsuké** ancien en bois (netzuké de lutteur). Raï-den, le dieu du tonnerre, tenant d'une main le Ko à une branche. A ses pieds deux enfants, tenant des pinceaux. Signature. Belle pièce peu commune.

347. Gros **Netsuké** (de lutteur) en ivoire, forme de bouton à deux faces. Sur l'une est *Benten,* tenant dans sa main droite la boule précieuse et de l'autre un écran. Sur le verso du bouton est un dragon au milieu des flots. Au centre, un anneau en argent. Signature. — Netsuké ivoire, ancien. Deux lutteurs.

348. Petit masque **Netsuké** en bois ancien du Japon (XVIIe siècle). *Signé :* DÉMÉ-JIOMAN.
— **Netsuké,** bois, forme de masque. Une tête de démon cornu.

349. Petit masque **Netsuké** en bois. Figure grotesque au nez long (appuyé sur la figure).
— **Netsuké,** ivoire ancien. Deux hommes, vêtus d'un manteau en jonc tressé et coiffés d'un large chapeau, poussent une barque.

350. **Bouton** ajouré en ivoire, portant sur la face un personnage incrusté en bronze partiellement doré, une lanterne à la main ; au revers, une chauve-souris au milieu de branchages.

351. **Netsuké** ivoire en forme de bouton. Démon assis sur un sac.

352. **Bouton** en ivoire sphérique aplati, à ouverture centrale, garni d'une attache en métal doré. Décor en bas-relief, en réserves creusées : Omino-Okané arrêtant un cheval emporté. (Omino-Okané était une simple paysanne renommée pour sa force prodigieuse). Signature.

353. — ivoire quadrilatéral à angles arrondis. Sur la face, en bas-relief, dans une réserve creusée, Yébisou et la dorade. Signature.

354. **Netsuké** en forme de bouton ajouré, en ivoire, avec incrustations de nacre, d'écaille et d'ivoire teinté en vert. Sur la face du bouton sont sculptés un cheval et une jument. De l'autre côté une gourde, un baquet. Sur un écusson en nacre la signature. Pièce très belle et très curieuse, signée.
— ivoire. Hoteï sur son sac dans lequel est entré un rat. Hoteï, riant, le montre du doigt. *Signature :* TOMIHAROU (2e moitié du XVIIIe siècle, *École de Miva (Yedo)*.

355. — Le dieu du tonnerre auquel se cramponne une jeune femme effrayée. Signé.

356. **Dharma** dans son linceul, porté par un homme. Pièce signée. Ivoire ancien.

357. **Netsuké** en ivoire ancien. Un homme fraternisant avec un bon génie. Les deux personnages, accroupis sur une feuille de lotus, se tiennent par la main. Non signé.
— Petite pièce en bois sculpté. Un singe, assis par terre et habillé d'une veste, regarde avec un lorgnon qu'il tient de ses deux mains. Non signé.

3

358. **Netsuké** en bois ancien. Un voyageur, la gourde au côté et le bâton à la main, voit son chapeau enlevé par un coup de vent. Non signé, mais belle pièce.

— ivoire. Deux danseurs (Manzaï) du jour de l'an. Signature.

359. — bois ancien. Les philosophes dans la forêt de bambous. Pièce ajourée, très curieuse d'exécution.

— ivoire ancien. Un homme de police s'apprête à ligoter un malfaiteur.

360. — bois. Personnage assis par terre et bâillant, un cure-dent à la main. *Signature sur ivoire :* Hôkei.

— bois, ancien. Personnage tenant d'une main sa barbe et de l'autre se couvrant la tête.

361. — bois. Personnage cherchant à assommer d'un coup de poing un animal (chat sauvage ou tigre). Petite pièce remarquable par la finesse d'exécution et la vérité du mouvement. Les yeux du personnage et de l'animal sont en matière transparente. Signature.

— bois. Forme de bouton sur les deux faces duquel sont représentés neuf masques de théâtre. *Signature :* Ghioko.

— Petite pièce en bois. Une femme faisant son ablution dans un baquet. Sujet très *réaliste*. Non signé.

362. — Bouton en ivoire, avec plaque en fer à rehauts d'or et d'argent. Le dieu de la longévité, debout sur les nuages. Sertissure d'ivoire. *Signature :* Minkokou.

— bois ancien en forme de bouton. Trois singes se donnant la main et couchés en rond l'un sur l'autre.

— ivoire, en forme de bouton. Trois masques sur une des faces et des attributs de théâtre sur l'autre. Signature.

— bouton. Ivoire et métal. Deux hommes dans une barque. Non signé.

363. — bouton en os sculpté et ajouré. Sur la face supérieure une pieuvre, sur l'autre une croix de Malte.

— bouton. Bois ajouré représentant une branche de chrysanthèmes fleuries. *Signature :* Massahidé.

— bouton en bois. Sept masques. Pièce signée.

364. **Netsuké** en bois. Foukou-Rokou avec la grue sacrée.
— bois. Femme accroupie par terre, la poitrine découverte et nouant ses cheveux. Signature.
— bois ancien. Un cordier. Exécution très fine.

365. — bois ancien. Ténaga, l'homme aux grands bras s'appuyant sur les longues jambes d'Assinaga.
— bois ancien. Une femme accroupie par terre s'étire les bras en bâillant. La langue, les dents, les yeux, et le peigne retenant les cheveux sont en ivoire incrusté. Deux rubans en écaille complètent la coiffure. *Pièce signée :* MASSAKADSU.
— bois. Un serpent en forme de spirale. Non signé.

366. — bois ancien. Cavalier (philosophe) à cheval traversant un pont et perdant sa chaussure que lui rapporte son élève qui le suit à pied. *Signé :* MIN-KOKOU.

367. — bois laqué et doré. Danseur de Nô.
— bois. Un rat sur un ballot de graines.
— bois ancien. Une dame noble tenant son éventail. A ses pieds un jeune enfant.

368. — bois ancien. Un homme accroupi coupe par petits morceaux une bande de bois. Au-dessous se trouvent des caractères en creux et la signature de l'artiste.
Petit **Netsuké** en bois laqué noir et rouge. Un homme sert contre sa poitrine un vase d'où sort une flamme.
Netsuké en bois laqué or et argent. Enfant sur un cheval à roulettes.

369. — ivoire et métal ajouré. Deux perdrix au milieu de fleurs et d'épis de millet.
— bouton ivoire et métal. Une fleur de pivoine.
— bouton en ivoire. Vieille femme, gravure en creux et en ronde bosse. Pièce signée.
— Bouton ivoire. Enfant battant du tambour, gravure en creux. Pièce signée.
— bouton os et métal. Singe tenant un fruit.

370. — ivoire ancien. Un singe habillé, assis sur un poisson à tête plate et large.
— bois. Personnage tirant de toutes ses forces sa ceinture, dont l'extrémité est prise dans un coquillage refermé. Signature.
— bois ancien. Un paysan, la faucille passée dans la ceinture, dort, la tête reposant sur une feuille de lotus.

371. **Netsuké** ivoire ancien. Un démon assis par terre.
— ivoire ancien. Un marchand de poisson. Sous le panier un cachet.
— ivoire ancien. Un homme, portant une boule creuse qui renferme une autre boule, entraîne un enfant.
— ivoire ancien. Ermite logé dans une cloche bouddhique.

372. — bois de saule. Jeune mère assise, portant son enfant. Signature.
— ivoire. Deux personnages auprès d'un panier rempli de fruits. Signature.
— ivoire ancien. Une jeune femme, couchée sur une natte, joue avec un petit chien. Non signé.

373. — ivoire ancien. Bœuf dans la prairie. Signé.
— bois. Le sennin au crapaud.
— bois. Un homme portant sur l'épaule un objet soigneusement enveloppé. Pièce très ancienne, signée.
— en forme de coulant, en bois. Trois singes dos à dos, se grattant.

374. — ivoire. Un père portant sa fille aveugle.
— ivoire. Un paysan au repos, son chien à côté de lui. Signature.
— ivoire. Rat rongeant un bout de corde. Travail très fin. Signature.

375. — ivoire. Trois danseurs musiciens. Signature.
— Coulant en ivoire. Un grand personnage assis sur un rocher d'où sort un ruisseau auquel s'abreuve un cheval. Pièce non signée mais très fine et très curieuse.
— ivoire. Chien de Fô.

376. — ivoire. Un homme faisant une grimace.
— bois. Veilleur de nuit. Pièce très fine.
— ivoire. Rat mangeant un fruit déjà à demi rongé. Pièce signée.
— ivoire. Un crapaud caché dans une feuille de mauve.

377. — ivoire. Ono-No-Tofu considérant un crapaud qui monte dans un saule. (Ono-No-Tofu, calligraphe du xe siècle que les lettrés japonais placent sur le même rang que les plus grands peintres). Pièce signée.
— ivoire. Loup dévorant une tête de femme. Signature.
— ivoire. Homme nu et rat apprivoisé. Très jolie pièce signée TOMOTCHIKA, célèbre fabricant de netsukés du XVIIIe siècle.

378. **Netsuké** en ivoire ancien. Shoki, le tueur de diables.
— ivoire. Un singe tient entre ses jambes un gros fruit qu'il défend contre un autre singe.
— en ivoire. Deux petites souris sur trois coquillages. Signature.

379. — ivoire. Foukou-Rokou-Djiou lisant un makimono que soutiennent deux enfants. Signature.
— ivoire. Djiou-Rô-Djin et la grue. Signature.
— ivoire. Un rat se grattant.

380. — bois sculpté. Un homme, vêtu d'une robe rouge, tire la langue.
— bois. Un homme qui s'étire les membres en bâillant.
— bois. Un homme, enveloppé d'une robe rouge, portant sur sa tête une écuelle, est à genoux, demandant l'aumône.

381. Petit **Netsuké** ivoire. Jeune fille rajustant sa chaussure après avoir pêché des moules. Signé.
Netsuké bois. Singe à cheval sur deux marrons.
— bois, forme de masque cornu, les yeux et la bouche ajourés.
— bois, forme de masque de diable, cornu. *Signé :* DÉMÉ-JIOMAN.

382. — ivoire. Shoki.
— ivoire. Deux enfants attachant une corde à un cerf-volant.
— bois, forme de masque de diable à deux cornes, la bouche ouverte et ajourée.

382 bis. — ivoire. L'homme qui cherche à prendre le rat qui lui monte dans le dos. *Signé :* TOMOTCHIKA.
— bois, à usage de lutteur représentant Hoteï. Très belle patine. Signé en rouge sous le genou droit.

383. — ivoire. Un démon porte sur son dos un tambour décoré d'armoiries.
— ivoire. Démon portant sur ses épaules une grosse caisse sur laquelle est gravé un signe.
— ivoire. Enfant caressant un chien.

384. — ivoire. Légende japonaise avec quatre personnages.
— bois. Un homme faisant le grand écart.
— ivoire. Un crapaud sur des feuilles de nénuphar.
— bois, forme de masque, la bouche entr'ouverte, les cheveux noirs, le front ridé, expression maladive. Signature carrée.

385. **Netsuké** ivoire. Un homme portant sur son dos un enfant.
— ivoire. Singe habillé, mangeant une friandise.
— en os de cerf. Un homme portant sur son dos sa gourde.
— bois. Deux rats sur un sac de farine. Signé.

386. — bois. Personnage endormi sur une grand parapluie.
— bois. Un homme assis sur une pièce de bois. Signé.
— bois. Hotei. Signé.
— forme de masque, en bronze ancien.
— ivoire, en forme de bouton. Deux singes.
— bois laqué. Un acteur.

387. — bois, forme de masque de diable, yeux métallisés. *Signé:* DÉMÉ-JIOMAN.
— bois, en forme de masque de diable.
— bois sculpté, en forme de masque de diable.

388. **Gros anneau,** ivoire. Une femme échevelée, poursuivie par deux personnages, sabre au poing, les menace de son poignard.
Netsuké, anneau, ivoire. Un homme cherche à déraciner un arbre, la nuit, au clair de lune.
— bouton en laque aventuriné, branche fleurie et écran. Signature et cachet.

389. — bouton, corne de cerf et métal damasquiné or et argent. Feuilles de vigne et grappes de raisin.
— bouton en ivoire. Tête de personnage richement habillé gravée en creux. Signature.
— bois, en forme de coulant. Assemblage de fruits et clous de girofle.

390. — ivoire. Homme endormi et petit singe. Très belle qualité d'ivoire.
— ivoire. Un paysan portant au bout d'un bâton un panier de fruits.
— ivoire fin, acteur montrant au public le masque qu'il portait. Pièce signée.

391. — ivoire. Un homme riant.
— ivoire. Marchand de sabots. Ivoire de belle qualité.
— ivoire. Enfant jouant sur un sac de riz.
— ivoire. Enfant jouant avec une tortue.
— bois. Crapaud sur un champignon.

392. — ivoire. Buveur de saké.
— ivoire. Lavandière et enfant. Signature.
— ivoire. Enfant rampant sur un sac.

393. **Netsuké** bouton ivoire. Une plume de paon, une plume d'oie, un petit pot jade vert, une boîte avec son couvercle en écaille, un bol laqué sur la face, en dessous une bouteille.

— bouton, plat en ivoire gravé, de forme carrée avec angles arrondis, simulant une boîte. Enfant, avec masque sur la figure, battant du tambour. *Signature :* MINKOKOU, 2e moitié du XVIIIe siècle. *École de Miva.*

— bouton ivoire et métal. Sur la plaque en shibuitshi incrusté d'or et d'argent, un seigneur, accoudé dans la campagne, contemple la lune. Son page est derrière lui. Sertissure d'ivoire. *Signature :* YUKIKOUNI.

394. — bouton ivoire. Trois singes couchés en rond.

— bouton ivoire et métal. Deux grenouilles dans un marais, coassant sous les rayons du soleil.

— bouton ivoire. Un coq.

— Bouton en shibuitshi repoussé et ciselé, avec incrustation d'or, de shakoudo et de sentokou. Pêcheur à la ligne.

— Bouton en shibuitshi avec applications d'or et de sentokou. Lutteurs.

395. — bois brun rouge. Masque de diable riant. Signature.

— bouton ivoire. Une fleur de pommier.

— bois. Un baquet renversé sur lequel court un escargot. Signé.

— ivoire. Une femme maintient sa coiffure contre le vent.

— bois. Enfant jouant avec une tortue.

— bois. Cheval broutant. Signé.

396. — ivoire. Un acteur avec un masque à tête de chien.

— ivoire. Acteur tenant de la main droite un masque à tête de blaireau (le blaireau *Tanaki,* héros mystificateur des contes populaires).

— ivoire. Un homme penché sur un moulin à thé. Très ancien.

397. — ivoire. Foukou-Rokou déroulant un manuscrit.

— ivoire. Savant déroulant un makimono.

— ivoire. Deux singes coiffés de hauts bonnets.

— ivoire. Un homme portant un bambou recourbé.

398. — bouton carré ivoire. Oiseau défendant son nid contre un enfant.

— bois, forme masque de démon.

— bouton, os et métal. Un dragon or et argent au milieu des flots.

— bronze, forme de masque de diable.

— bois. Masque. Signé.

— Petit masque en bois noir avec simulacre de moustaches et de sourcils blancs.

399. **Netsuké** bois. Un démon se sauvant après avoir dérobé une pagode.
— bois peint et laqué. Un artisan, accroupi par terre, repiquant une petite meule à thé tout en chantant.
— bois. Acteur tenant un masque derrière son dos et faisant une grimace.
— bois. Acteur montrant au public son masque à tête de blaireau.

Petit **Netsuké** bois. Ténaga marchant sur ses longs bras. Cachet.

Netsuké, os. Djiou-Rô-Djin, l'homme vieux de la longévité, porte sur ses épaules la tortue à tête de chien et à la longue queue, qui vit dix mille ans ; d'une main il tient un volume et de l'autre un bâton. Style archaïque.

400. — ivoire fin, avec incrustations de nacre, jade vert, corail rouge et rose et écaille. Un seigneur de forte corpulence se promène, un éventail à la main, et donnant le bras à un Dieu du bonheur portant sur l'épaule un marteau de mineur. Pièce signée.

401. Très petit **Netsuké** en ivoire. Une vieille femme, un bâton à la main, cache derrière son dos un masque de démon riant.
Netsuké ivoire. Djiou-Rô-Djin, le dieu de la longévité avec son cerf blanc.

402. — en os de cerf. Jeu de cache-cache autour d'une borne. Signature.
— ivoire. Un tambourineur porté en triomphe par deux hommes.
— ivoire. Un vieillard très maigre, vêtu seulement d'une ceinture de feuillage, s'appuie sur un bâton.

403. — ivoire. Homme jouant avec un enfant. Petite pièce très jolie d'expression et d'exécution. Signée.
— bois. Deux lutteurs.
— ivoire. Djiou-Rô-Djin.

404. — ivoire. Djiou-Rô-Djin (Dieu de longévité). Pièce très ancienne et de fort belle conservation.
— bois. Homme portant sur son dos une énorme courge.
— ivoire. Personnage à grande barbe assis sur un sac. Signature.

405. Six Netsuké ivoire.

406. Six Netsuké bois.

407. Six Netsuké masques.

408. **Netsuké** bois. Un démon déchaînant les vents retenus dans une outre qu'il porte sur l'épaule. Pièce signée.

— bois. Un papillon sur une sorte de noix. Le dessous est évidé et forme un cachet.

— bois. Charmeur de serpent.

— bois ancien. Un artiste sculpte un chien de Fô.

— bois. Un homme dormant. Pièce signée.

— bois de saule ancien, a été laqué. Acteur (?) tenant un éventail de la main droite et saluant le public. Pièce non signée.

Petit **Netsuké** bois. Un Dieu du bonheur. *Signé :* GIOKO.

— bois. Jeune femme dormant. Pièce signée.

— os creux et sculpté. Le repos auprès d'une cascade.

409. Cinq Netsuké en ivoire.

410. Cinq Netsuké en ivoire.

411. Cinq Netsuké en ivoire.

412. Quatre Netsuké en bois.

413. Trois beaux Netsuké. Un personnage en bois peint et laqué, un singe, un masque d'Okamé.

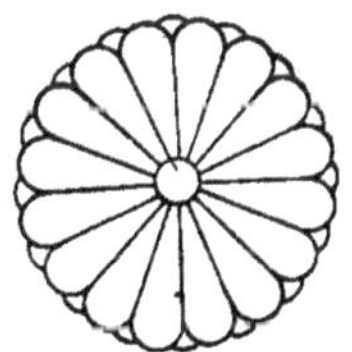

PETITS OBJETS EN IVOIRE

ET EN BOIS SCULPTÉ

PIÈCES D'ÉTAGÈRE

414. **Petite pièce** d'étagère en ivoire ancien très finement sculptée. Trois voyageurs faisant une halte. Signé.

415. **Guerrier** galopant. Il tient à la main une branche de bambou en guise de cravache. Ivoire.

416. **Ténaga,** l'homme aux grands bras s'appuyant sur le dos d'Assinaga, l'homme aux grandes jambes, bois, finement sculpté.

417. **Une perdrix** sur deux branches de millet. Ivoire. Pièce signée.

418. **Un daïmiyo** en riche costume, est accompagné d'un serviteur portant un sablier. Ivoire, signé.

419. **Groupe** en ivoire. Deux personnages nus, à très longues jambes. L'un grimpe sur le dos de l'autre. Signé.

420. **Trois petites boites** en ivoire, avec incrustations de nacre.

421. **Un pêcheur** tenant un filet d'où est tombée une tortue qu'un petit enfant saisit à deux mains. Exécution fine et très expressive. Ivoire, signé.

422. **Chien de Fô.** Ivoire.

423. **Cinq chevaux** et une jument dans la prairie. Pièce très fine. Ivoire, signé.

424. **Femme** à sa toilette, se fardant. Pièce très fine d'exécution. Ivoire. Signature.

425. **Un laboureur** avec un chien à ses pieds, au-dessous de nombreuses graines que le laboureur recouvre de terre. Ivoire. Pièce signée.

426. **Deux démons.** Ivoire.

427. **Deux diables** luttant. Bois sculpté.
Assinaga et Ténaga accroupis et mangeant des coquillages. Ivoire. Signé.

428. **Jeune garçon** monté sur le dos d'un bœuf. Ivoire.

429. **Un taureau** conduit en laisse par un paysan qui joue de la flûte. Ivoire. Pièce signée.

430. **Un singe** acrobate sur un cheval. Cachet. Pièce en ivoire très ancienne.

431. **Barrette** d'ivoire. Assinaga s'étirant les bras.

432. **Un chien de Fô** sur un socle ornementé. Ivoire.
Un diable portant avec peine sur sa tête un socle à quatre pieds. Ivoire.

433. **Simulacre de sabre** pour médecin, en ivoire uni, avec application de trois petits ornements en shibuitshi incrusté. Longueur : $0^{m},25$.

434. **Bouton,** ivoire.

435. **Un homme** traverse un pont, conduisant par la bride un cheval sur lequel est montée une femme avec deux enfants. Bois finement sculpté. *Signé :* KOGUISKOU (XVIIIe siècle).

436. **Un acteur** assis sur son masque, frappe sur un tambour. Pièce d'étagère en arête de squale.

437. **Un acteur** masqué, tient de la main gauche un épis de grelots et de la droite un éventail. Pièce d'étagère en arête de squale.

438. **Une tortue,** bois sculpté et peint.

439. **Groupe de deux lapins,** bois.

440. **Un singe** accroupi dévorant des pêches. Petit sujet en bois finement sculpté. Signature.

441. **Statuette** en bois laqué et peint. Un personnage chinois, les mains jointes sous les grandes manches de son vêtement. Travail chinois.

442. **Un éléphant** portant sur son dos un singe qui joue de la flûte.

443. **Une racine** de bambou, ayant la forme d'une jonque sur laquelle sont un grand nombre de personnages sculptés dans la masse. Travail chinois.

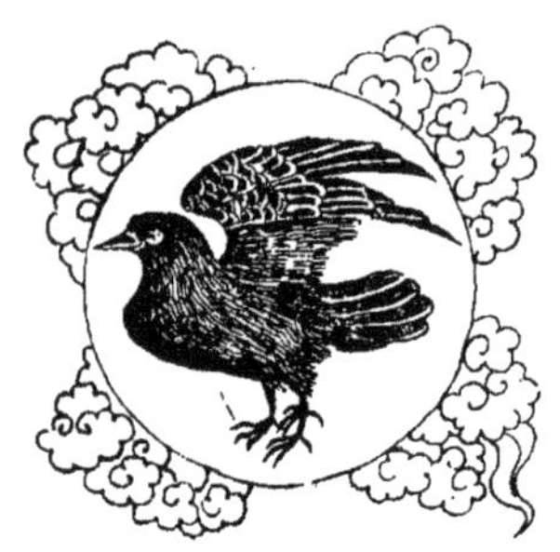

PIÈCES EN JADE

EN AGATE, EN CRISTAL DE ROCHE
EN LAPIS-LAZULI

444. **Jade blanc.** Petit vase en forme de bouteille plate, à côtes et chauves-souris en relief sur la panse. Il repose sur un petit socle en jade vert finement sculpté et repercé à jour. Charmante pièce de vitrine. Hauteur totale 122 millimètres (de la collection Lebeuf de Montgermont).

445. — **vert foncé** en forme de bonbonnière, avec couvercle finement sculpté et ajouré, reposant sur pied en bois de fer sculpté.

447. **Coupe-assiette** en jade vert de cuivre transparent, reposant sur un pied en bois sculpté.

447. — en jade vert de cuivre transparent, reposant sur un pied en bois sculpté.

448. **Petite coupe** en jade gris transparent, de forme ronde, ornée d'un dragon, de fleurs et de branchages sculptés et ajourés dans la masse. Pied en bois de fer sculpté.

449. **Petit vase** en jade vert, forme pitong, tripode, gravé au burin, avec pied en bois de fer sculpté.

450. **Coupe** basse avec deux anses prises dans la masse, en jade gris verdâtre. Pied et couvercle en bois de fer décoré de branche de corail.

451. **Agrafe** en jade gris vert en deux parties, ornées chacune d'une fleur sculptée dans la masse.

452. **Jade** blanc, forme tonneau, gravé et ajouré.

453. **Petit vase** balustre à deux oreillettes ajourées, en jade gris verdâtre, gravure au trait sur la panse. Pied en bois de fer sculpté.

454. **Deux pièces** en jade taillé et gravé.

456. **Trépied** en jade sculpté.

457. **Statuette** en jade.

458. **Porte-bouquet** en jade.

459. **Petite coupe** sur pied en bois de fer.

460. **Petites statuettes** en pierre dure, 9 pièces.

461. **Tasse à thé** avec soucoupe, en agathe transparente.

462. **Vase** en cristal de roche gravé, forme balustre, avec couvercle ajouré.

463. **Un brûle-parfums** en lapis-lazuli tripode, à deux anses, avec anneaux pris dans la masse, pied et couvercle en bois sculpté et ajouré. Très belle pièce et de grande valeur.

464. **Petit vase,** forme bouteille à côtes, en lapis-lazuli. Pied en bois de fer sculpté.

ARMES

ARMURE, LANCES, PISTOLETS, FUSILS SABRES, POIGNARDS.

465. **Armure** japonaise ancienne et complète, sur un mannequin, avec boîte pour la renfermer.

466. **Éventail** de guerre monté sur bois laqué rouge de belle qualité. Armoirie or sur fond noir. Cordelière en soie rouge à gland.

467. **Grande lance** à lame plate et très longue, fourreau laqué noir, orné de libellules en laque d'or.

468. **Deux lances** avec arrache-entrailles, ornée d'un pavage de burgau.

469. **Une lance** à fourreau laqué noir avec semis de libellules dorées, forme sabre courbe, monté sur bois décoré de burgau.

470. **Lance** avec armature de fer en potence.
— Pointe d'une lance démontée, avec fragment de la monture en bois. Caractères gravés sur la tige.

471. **Fusil** ancien, garniture cuivre et canon en fer damasquiné argent.

472. — ancien, garniture cuivre et canon en fer damasquiné argent.

473. — ancien, monté sur bois de fer, batterie argentée et burinée, avec canon damasquiné or et argent; près de la batterie une inscription de cinq caractères japonais et au-dessus les armoiries de Hori (Ida) annobli vers 1568.

474. **Un pistolet.**

475. **Grand sabre** à deux mains. Garde en fer martelé. La poignée est recouverte de galuchat noir et d'une tresse de cuir noir. Les menoukis sont formés d'une défense de sanglier, sciée en deux et recouverte d'une armoirie laquée or : Sakaï (Matsuyama). XVIIe siècle.

476. **Sabre japonais** avec armoirie impériale et inscription sur le manche de Kodzouka. Garde en fer ciselé, personnage au bord de la mer; anneau et bout de sabre ornés de scènes à divers personnages. Lame signée.

477. **Lame de sabre** de Massamouné dans un fourreau de bois blanc. XIVe siècle.

478. **Lame de petit sabre,** gravée d'un glaive bouddhique autour duquel s'enroule un dragon. (Lame de Bizen; étui en bois.)

479. **Sabre-poignard**, fourreau laqué avec grue en bronze appliquée; garde et anneau avec grues or et argent. Jolie pièce signée.

480. **Poignard** avec fusée et fourreau en corne de cerf sculpté. Un personnage monté sur un pin, fuyant une tortue d'eau, à tête d'oiseau. Signé.

481. — avec fusée et fourreau en corne de cerf sculpté. Djiou-Ro-Djin, assis sur le cerf blanc; dans les airs, la grue venant s'abattre auprès du dieu dont elle est la compagne fidèle.

482. Seize **sabres et poignards**. Belles pièces avec incrustations. Fourreaux peints et aventurinés, avec gardes, menoukis, anneaux et bouts de sabre.

483. Cinq sabres et poignards avec ornementation complète.

484. Cinq sabres et poignards.

485. Quatre sabres et poignards.

486. Six sabres.

487. **Fourreaux** et lames de sabres. 45 pièces.

GARDES DE SABRE

(Tsouba) [1]

488. **Garde** en fer formée d'une mince plaque de fer, damasquinée d'un dessin de dragon très effacé. Dans une inscription incrustée en or, le général Kato Kiyomassa, lieutenant de Taïko-Sama, en Corée, explique que cette garde lui fut offerte par un membre de la famille impériale de Corée. XVIe siècle.

489. — en fer plein à rehauts d'or et d'argent. Un poète chinois, voyageant à dos de mulet, se retourne pour admirer le paysage. *Signée :* KANÉ-IVÉ, habitant de la ville de Fushimi. XVIe siècle.

490. Six **gardes** en fer du XVIe siècle signées Kinaï, quatre à décor de feuilles de lotus, trois à décor de dragon.

491. **Garde** en fer ajourée et évidée de fins traits de scie : elle représente deux grandes crevettes à longs tentacules. Belle pièce reproduite dans le *Japon artistique,* n° 33. *Signée :* MASSAKATA.

492. — en fer, finement ajourée à la scie et ciselée. Deux canards fuient la tempête sous une pluie battante; des roseaux échevelés au premier plan. Le cercle est damasquiné d'or.

493. — en fer avec applications d'or, d'argent et divers métaux. Un cavalier à cheval, d'un puissant relief, met en fuite ses ennemis. Très belle pièce.

(1) La plupart de ces gardes sont finement ciselées et incrustées de divers métaux précieux.
Le *shakoudo* est un bronze d'or qui contient de 3 à 20 pour 100 d'or.
Le *shibuitshi* est un bronze d'argent qui contient de 25 à 40 pour 100 d'argent.
Le *sentokou* est un bronze jaune d'un éclat doux et lumineux, alliage de cuivre et d'étain.

494. **Garde** en fer, motif en relief; à gauche, un vieux tronc d'arbre; à droite, un ermite, misérablement vêtu tient un parasol ouvert, et de l'autre main un récipient au bout d'une baguette. Incrustations d'or. *Signé :* SHOZUI.

495. — en shakoudo, à fond noir granulé, avec deux libellules en or en relief et bouquet de fleurs sur le bord d'un ruisseau. Signé.

496. — en fer ajouré. Un oiseau dans les montagnes. *Signé :* TOTSUDJU. — en fer ajouré. Entrelacs. *Signée :* AKAO-YOUTCHOUGOU. — en fer ajouré. Cours d'eau et fleurs. *Signée :* TADAMORI. — en fer ajouré et doré. Personnages légendaires sous un parasol. — en fer ajouré et doré. Grands seigneurs suivis de eux soldats advec leur lance.

497. — en fer uni dans laquelle a été découpée à la scie la Grande-Ourse, ses sept étoiles reliées par des traits droits qui se terminent par la pointe d'un glaive bouddhique. (Cette constellation était patronne des guerriers.) *Signée :* MASSAYUKI, de la province de Moussashi. XVIIe siècle.

498. — en fer uni, damasquinée à plat d'un dragon enroulé. *Signée :* MORI-IYÉ, de Kofou (Yédo). XVIIe siècle.

499. — en fer, incrustée en relief d'une libellule damasquinée en or, dont la queue se continue au revers. *Signée :* OTSURIUKEN-MIBOKOU. XVIIe siècle.

500. — en fer damasquiné et doré. Travail à jour représentant un guerrier poursuivant le diable qui vient de voler une petite pagode de temple. XVIIe siècle.

501. — en shibuitshi finement martelée et gravée en champlevé. Groupe des sept philosophes dans la forêt de bambous. Pièce signée.

502. — en fer avec incrustations d'or, d'argent et cuivre rouge. Certaines parties sont dorées. Le dieu du tonnerre (XVIIe siècle). — en fer forgé avec incrustations d'or, d'argent et cuivre rouge. Un démon, XVIIe siècle. — en fer ajouré avec incrustations d'or. Libellule, abeille, mante religieuse, papillon, limaçon, dans les herbes. — en fer forgé. Un paysage montagneux avec deux chevaux dans la prairie au bord d'un ruisseau, au loin une habitation. Signature.

503. **Très belle garde** en shibuitshi très foncé, décorée en relief d'un coq et d'une poule en shakoudo à rehauts d'or, cherchant à attraper un insecte, et d'une tige de chrysanthèmes dont les feuilles sont en émail translucide sur or. *Signé :* YAMAMOTO RIURINSAI, TOMOYASSU. XVIIIe siècle. De la collection Ph. Burty.

504. **Garde** en shibuitshi avec incrustations d'or et d'argent. Un saint bouddhique, la tête entourée d'une auréole est porté sur les flots par un dragon. *Signé :* TOSHIHIRO.

505. — en fer ajouré, incrusté d'or et d'argent. Deux philosophes, à l'entrée d'une grotte, discutent sur le texte d'un volume déroulé. *Signé :* SHUNSOKEN-YOZOKOU. XVIIIe siècle.

506. — en fer plein, incrustée d'argent en reliefs très saillants et d'or. Hérons dans les roseaux. *Signé :* OTSURIUKEN-SHÔZUI. XVIIIe siècle.

507. — de petit sabre en sentokou, martelée, incrustée d'or et de shakoudo. Un crabe est caché sous la cavité d'un terrain où poussent des roseaux. *Signé :* YASSUTSHIKA. XVIIIe siècle.

508. — de sabre en shibuitshi avec incrustations d'or et d'argent. Un cavalier fouette son cheval pour le faire entrer de force dans les flots. *Signé :* HARUSHIMA NOBOUMASSA.

509. — en fer forgé, ciselé et ajouré. Le Dieu du tonnerre Raï-den faisant éclater la foudre et soulevant les flots. Très belle pièce, signée.

510. **Très belle garde** en fer forgé avec incrustations d'or, d'argent et shibuitshi. Un canard mandarin perché sur un rocher recouvert de neige fait sa toilette. Un autre s'élance dans les flots parmi les joncs courbés sous le poids de la neige. Signée.

511. **Très curieuse garde** en fer découpé à la scie représentant cinq insectes différents dont une libellule sur des herbes.

512. **Garde** par Masa Tshika.

513. — en fer, en forme de croix niellée argent et or.

514. — en fer plein et uni, décorée en relief d'une libellule et d'une araignée en shakoudo sur un fond de toile d'araignée finement découpée à jour en fins traits de scie. Pièce signée.

515. **Belle garde** en fer forgé ornée d'oiseaux voletant sur des épis de grains. Applications d'or, de shakoudo et de sentokou. Très jolie pièce. — **Garde** en fer martelé, quadrilobée et rehaussée de divers métaux : niellure et damasquinure. Trois personnages, dont un nimbé, autour d'une grande urne.

516. — en fer évidé du XVIIIe siècle. Vol de grues sous la pluie.

Cette garde est reproduite dans Gonse, *l'Art Japonais*. Tome I, page 86.

517. — en bronze jaune. Un aigle fondant sur deux petits oiseaux qui volent au milieu des branches d'un pin. Pièce signée. — de sabre en fer martelé imitant du vieux bois. Décor, une petite branche de prunier fleuri en application d'argent et cuivre rouge. XVIIIe siècle. — en fer avec applications d'or, d'argent. Deux canards venant s'abattre au bord d'une rivière flanquée d'un tronc d'arbre et de roseaux. La lune au milieu des nuages.

518. — en fer modelée à rehauts d'or. Un diable devant un saint bouddhique qui entr'ouvre sa poitrine pour montrer l'image du divin Çakya Mouni. *Signée :* GHIOKOURINKEN KATSOUHIRO. XIXe siècle.

519. — en shibuitshi, ajourée avec rehauts d'or et décor en relief. Un personnage ayant un écran à la main marche sans voir un tigre embusqué à quelques pas de lui. Au revers le corps du tigre en relief finement damasquiné. Pièce signée.

520. **Belle garde** en shakoudo, avec incrustations d'or et d'argent représentant les différents poissons du Japon. Signé.

521. **Garde** en fer ciselé. Une ruche d'abeilles. *Signée :* SURIUKEN-YEIJU.

522. — en fer plein, quadrilobée, représentant une araignée au centre de sa toile, incrustations d'or. — en fer forgé et repercé à jour. Cheval dans la prairie. — en fer forgé, ciselée. Un personnage à cheval coiffé d'un grand chapeau à incrustations d'or, d'argent. Au revers des palmiers et une cascade. Signé. — en sentokou avec applications d'or. Paysan endormi au pied d'un arbre, gravure au burin. Pièce signée.

523. **Garde** en fer ajourée à la scie. Vol de canards au-dessus d'un étang figuré par des roseaux. — en fer repercée à la scie. Oiseaux dont les ailes se relient les unes aux autres et forment le cercle. Signature. — en fer ajourée à la scie. Décor : des poissons et des algues. Signature. — en fer ajouré représentant trois fagots de bois réunis ensemble par des cordes, quelques fleurettes entre les fagots. Signature.

524. **Garde** en fer, ciselée et repercée à jour. Branches de fleurs et de feuillages. Au bas deux perdrix. — en fer forgé et repercée à jour. Les sept philosophes dans la forêt de bambous. — en fer avec incrustation d'or. Le philosophe et la grenouille. — en fer ajouré, feuillages de bambou. Signature. — en fer incrustée d'or et d'argent. Libellule déposant ses œufs au bord d'un cours d'eau.

525. — de sabre en sentokou ciselée et ajourée. Djiou-Rô-Djin et le cerf blanc couché à ses pieds auprès d'un ruisseau. Un enfant s'appuie sur le cerf. Jolie pièce de belle qualité incrustée d'or, d'argent et de shakoudo. — en fer forgé, ciselée et repercée à jour. Le Dieu du bonheur Ebisou avec la dorade et Daikokou, le marteau de mineur en main. Signé. — en fer ajourée et ciselée. Une couronne de marguerites et chrysanthèmes reliée au centre par des rinceaux entremêlés de fleurs de pawlonia. Incrustations d'or métallique. — en fer forgé, ciselée, avec incrustations d'or et d'argent. Décor : le cavalier traversant un pont et la chaussure tombée à l'eau retrouvée par le dragon. Signée.

526. — en fer incrusté d'or et de shakoudo. Tigre dans un bois de bambous. Signée. — en fer forgé avec application d'or et d'argent. Jeux d'enfants. Sur l'autre face, un bonze en prière au pied d'un grand sapin. — en fer quadrilobée avec application d'or et d'argent. Un personnage au pied d'un arbre avec un glaive bouddhique à ses pieds. — en fer forgé et ciselé. Un cheval en demi-saillie, à dessin archaïque, très belle sonorité. Signée.

527. — en fer évidé du XVIIIe siècle. Trois brins d'herbe réunis ensemble; traces de dorure. Signée. — en fer évidé du XVIIIe siècle. Épis de blé et sa tige de paille. — en fer évidé du XVIIIe siècle. Un gros tronc de sapin et son feuillage.

528. — en fer, découpée et évidée, représentant cinq masques reliés entre eux par des cordons. Composition originale. Signée.

529. — en shibuitshi ; décor en relief avec incrustation d'or. Deux enfants roulant une boule de neige. XVIIIe siècle. *Signée :* ITSANDO-JÔ-I, avec deux cachets d'or.

530. **Petite garde** ovale en sentokou, décorée en relief d'un rocher sur lequel est accroupi Tenaga, l'homme aux longs bras, en bronze rouge, étendant la main sur un crabe d'or.

531. **Garde** quadrilobée en fer, décorée en relief avec applications d'or, d'argent, de shakoudo et de bronze rouge : sur une face, des personnages contemplent un crapaud ; sur l'autre un homme assis auprès d'une cascade voit son parasol brisé emporté par le vent. XVIIe siècle.

532. — en fer simulant un morceau de bois veiné, sur lequel courent quelques brindilles de feuillages en or appliqué et insectes. XVIIIe siècle.

533. — en bronze rouge à fond chagriné, décorée en relief d'applications en or, argent et shakoudo. Une tige fleurie de pivoine et un papillon. XVIIIe siècle.

534. — en fer à décor en relief partiellement doré ; sur chaque face un démon courant ; l'un d'eux porte un sac. XVIIe siècle.

535. **Grande garde** quadrilobée en fer martelé. Hibou sur un bambou. XVe siècle.

536. **Garde** en shakoudo incrusté d'or. Sur une face, deux chevaux ; sur l'autre, un tronc d'arbre.

537. — quadrilobée, en shakoudo, avec applications et incrustations d'or. Dragon dans les nuages.

538. **Belle garde** en fer ajouré. Grues dans les nuages, sous la pluie.

539. **Garde** en fer repercé et partiellement doré. Combat, scène à nombreux personnages. Belle pièce de la fin du XVIIIe siècle.

540. — en fer à bords contournés, incrustations de shakoudo et d'or. Enfant monté sur un bœuf.

541. — en fer ajouré, avec applications d'or. Un dragon rampe le long de la bordure.

542. — en fer simulant un morceau de bois avec une mouche appliquée sur l'un des côtés. Belle pièce signée NARA MASSA (?).

543. — en fer évidé, avec rehauts de shakoudo et d'or. Le Sennin Gama en compagnie de son crapaud. XVIIIe siècle. Cachet en or incrusté. *Signé:* TOSHIYOUKI.

544. **Garde** en fer, portant en relief, avec quelques rehauts d'or, le dragon des tempêtes qui tantôt apparaît tantôt disparaît dans la vapeur des nuages. Cachet illisible.

545. — en fer évidé. Treillage de bambous d'un modelé gras. XVIIIe siècle. *Signé:* MASSATOSHI de Kofou (Yedo).

546. — en bronze rouge, forme de dragon, ajourée. — en sentokou cerclée de shakoudo, patine jaune d'or. Un chrysanthème épanoui, application d'or avec feuillage en or et shakoudo sur chaque face.

547. — en fer plein et uni. Un crabe, près d'une tige de bambou, est découpé à la scie avec une délicatesse rare. Le sujet est curieux à voir en transparence.

548. — en fer plein, décorée d'un dessin régulier finement évidé. Métal d'une sonorité exceptionnelle. Pièce signée et cachet d'or. SEIRIU-KEN YEIJU.

549. — en fer, ciselée et ajourée. Vieux sapin dont la cime est traversée par des nuages. Au pied est une cigogne blessée. *Signée:* MASSA-TOSHI.

550. — en fer, forme demi-coquille hexagone, ciselée finement et ornée d'un vol de cinq cigognes sur la face principale et de trois au verso.

551. — en fer plein, quadrilobée, avec incrustations d'or et d'argent. Un lapin en relief près d'une touffe de plante, fleurie.

552. — en fer, quadrilobée, représentant une planche de sapin avec toutes les veines du bois. Trois araignées en sentokou courent sur la surface. Au verso, une araignée. — en fer ajourée et ciselée. Feuillages et fruits. Très beau travail, signé d'un cachet d'or.

553. — en fer plein, quadrilobée avec incrustations d'or et d'argent. Aigle se précipitant sur une proie au bord de la mer. — en fer plein, martelée et décorée d'un papillon en relief avec incrustation d'or.

554. — en fer ajouré. Fleurettes avec traces de dorure. Signature. — en shibuitshi ajourée, à dessins géométriques. — en sentokou. Shoki poursuivant un démon.

555. **Garde** en fer forgé et niellé or. Deux feuilles avec nervures accolées, tige ajourée. Signée. — en fer forgé. Une branche de cerisier en fleurs. Incrustations d'argent et de cuivre doré. — en fer forgé, ajourée, incrustée de rinceaux en cuivre et d'un filet dessinant tous les contours. — en fer forgé. — en fer forgé et ajouré. Un petit singe sur une branche et un caractère japonais. — ancienne en fer forgé ajourée et niellée or. Feuilles et fleur. Signée. — en fer forgé et ajouré. Niellures d'or. Feuilles entremêlées, entourées d'une sorte de cordelette. Signée.

556. — Deux très belles gardes, avec incrustations d'or et de shakoudo. Signées.

557. — Deux très belles gardes avec incrustations d'or et d'argent.

558. — Deux très belles gardes, personnages en relief.

559. — Sept belles gardes.

560. — Quarante-deux gardes en fer, à incrustations.

Ce numéro sera divisé.

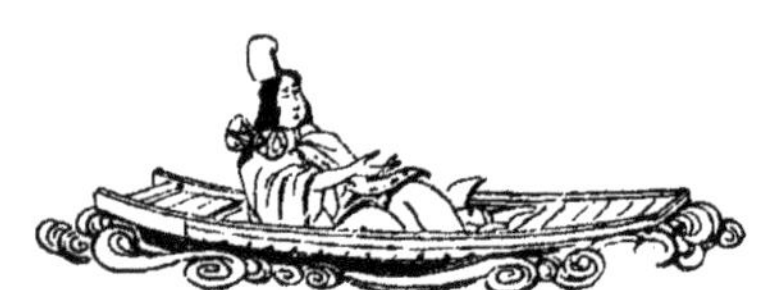

KODZUKA[1]

561. **Kodzuka** en fer, doublé d'argent. Il est décoré, en incrustations d'or et d'argent à plat, d'une de ces boules de fleurs artificielles, à longues tresses en soie de couleurs qui se suspendent au plafond. XVIIIe siècle. *Signé :* GÔTO SEIJO. Il est monté d'une ancienne lame d'acier, *signée :* TOSHIMA MASSATOMO.

562. **Manche de kodzuka** en laque noir, décoré de laque d'or en relief : un personnage portant une cloche sur son dos. Signé.

563. — en fer avec applique de shakoudo et de bronze, relief et détails en or. Benkeï faisant mine de lire son passeport ; à terre le bâton qui a servi à battre son jeune maître YOSHITSOUNÉ. Revers en bronze strié. XVIIIe siècle. *Signé :* JO.

564. — en fer avec applications d'or et de shakoudo. Un danseur du jour de l'an, portant sur l'épaule les attributs de circonstance. XVIIIe siècle. *Signé :* TON-AN-SÔMIN.

565. — en fer ciselé avec applications d'or. Vol de trois oiseaux au-dessus d'une longue vague qui déferle. XVIIIe siècle. *Signé :* MASSAYUKI.

566. — en fer ciselé avec incrustation d'argent en relief. Le poète chinois Rikakou déployant un rouleau, au revers se trouve gravé le fragment d'une poésie composée par ce savant. XVIIIe siècle. *Signé :* TSHOKOUZUI.

567. — en shibuitshi avec applications d'or, argent, sentokou et shakoudo. Femme assise tenant d'une main une fleur épanouie. Au revers, un Gekkin (mandoline), gravé au burin.

— en shakoudo avec incrustations d'or et argent. Carquois avec ses flèches et armoiries des Hosokawa (fleur de kiri).

(1) Les *kodzuka* sont de petits couteaux dont la lame se glisse dans l'épaisseur du fourreau du sabre et dont le manche finement ciselé contribue à l'ornementation de l'arme.

568. **Manche de kodzuka** en shibuitski et incrustation d'or. Foukourokou tenant en main un volume roulé.

— en shibuitshi avec incrustations d'argent. Flots de mer ajourés. Signature.

569. — en shibuitshi avec incrustations d'or. Le dieu de la longévité, Djourodjin, un bâton à la main, cause avec un enfant. Très belle ciselure.

— avec garniture et encadrement doré. Un guerrier.

570. — en shibuitshi avec incrustations d'or, argent et sentokou. Musiciens jouant de la flute et du taïko (tambour).

— en shibuitshi avec applications d'or de couleur et argent. Une tige avec feuillage et fleurs.

571. — en shibuitshi avec incrustations d'or et argent. Hoteï jouant avec un enfant. Belle ciselure. Signature.

— en shibuitshi, avec applications d'or, shakoudo et sentokou. Masque de théâtre et flûte.

572. — en shakoudo et incrustations d'or, argent et sentokou. Voyageur la tête couverte du chapeau de paille (Kasa) avec, sur le dos une peau de chèvre. Au revers, une tige de bambou gravée au burin. Signature.

— en shibuitshi et incrustations d'or et sentokou. Personnage assis au pied d'un pin et tenant à la main une pêche. Signature.

573. — en shibuitshi et applications d'or. Un koughé de la Cour, coiffé de l'eboshi, presse une outre pleine dont il dirige le jet sur trois chiens qui se battent. Signature.

— en shibuitshi avec applications d'or, argent et shakoudo. Deux papillons volant autour d'une branche de fleurs.

574. **Kodzuka**. Lame avec traces de caractères gravés. Manche en fer ciselé dans la masse. Décor : Fondô-Mio-ô, transformation de Daï-niti-Niouraï en Tembou, pour sauver les hommes par la frayeur (bouddhisme japonais).

575. — Lame avec caractères gravés. Manche shakoudo. Décor : quatre pièces de monnaie en applications d'or, argent et shakoudo et une pièce portant une tortue et un oiseau.

576. — Lame avec caractères gravés. Manche shakoudo à encadrement doré. Combat de coqs, poule et poussin, application ors de couleur et argent. Signature.

577. **Kodzuka.** Manche et lame en fer d'un seul tenant. Sentences et cœur ajouré.

— Lame avec inscription et gouttière, manche en skakoudo et applications d'or. Longue barque, ayant à la proue le lion de Corée, à la poupe un dragon enlaçant la boule précieuse.

578. — Lame avec inscription. Manche shakoudo en partie doré. Trois chevaux à l'écurie.

— shakoudo, garniture et encadrement dorés. Lame avec inscription et signature dorées. Manche : cailles au milieu de fleurs.

— en shakoudo. Paysage au bord de la mer. Lame avec traces de caractères.

579. — Lame avec inscription. Manche formé par les principaux animaux usités comme ornements au Japon.

— Lame cassée sans inscription. Manche shakoudo. Deux hommes se battant près d'une maison et d'un arbre.

— en sentokou avec application en relief de fleurs de camélia. Lame gravée, rouillée.

580. — avec garniture et encadrement doré. Lame acier trempé avec inscription. Décor : personnage en riche costume venant faire visite à une noble dame dans son palais où il est introduit par un Samuraï.

581. — Lame avec inscription. Manche en fer ciselé. Décor : un dragon en partie doré.

Manche de kodzuka en shakoudo avec application d'or et argent. Bishamon tenant la massue et la pagode à reliques.

Kodzuka en sentokou avec applications d'or. Des oiseaux sur un chapeau posé à terre.

— en fer cerclé de sentokou avec applications d'or et d'argent. Un oiseau sur une branche de prunier en fleurs. Signé.

582. **Trois couteaux** pointus à manches de fer et portant des sentences et des armoiries gravées sur les lames (XVIe siècle ?).

583. **Dix-huit kodzuka** avec lames, cinq sans lames.

584. **Soixante-treize manches de kodzuka** en shibuitshi et en shakoudo, avec incrustations d'or, d'argent, de cuivre doré, etc. Lot important de pièces excellentes, qui pourra être divisé à la vente.

KOGAI, MÉNOUKI, ANNEAUX ET BOUTS DE SABRE

585. **Quatorze aiguilles** en bronze (*kogaï*) s'insérant dans l'épaisseur du fourreau du sabre, du côté opposé à celui du kodzuka.

586. **Cinquante ménouki,** charmants petits ornements ciselés, en shibuitshi et shakoudo, avec incrustations d'or et d'argent que l'on engage dans les tresses qui entourent la poignée du sabre.

587. **Quarante anneaux** et bouts de sabres en shakoudo et shibuitshi, ciselés et gravés.

Ces lots importants, composés de fort belles pièces, seront divisés à la vente.

USTENSILES D'ÉCRITURE

588. **Écritoire** portative se composant d'une boite à deux compartiments en forme d'inrô et d'un tube à pinceau. Le tout ciselé à dessin de dragons et de nuages et damasquiné de deux tons d'or. Le culot de la boite et les anneaux du cordon de soie sont d'argent. XVIIe siècle.

589. — en bronze, ornée d'oiseaux et d'ornements ajourés.

590. **Encrier** portatif en fer damasquiné de dessins géométriques en argent. Dans le tube carré à passer dans la ceinture, un pinceau et un petit couteau.

591. **Ecritoire** de poche forme étui et petit encrier en cuivre à décor de dragon. Les deux pièces réunies par une ganse avec coulant en corail rose.

Encrier de poche, en cuivre, en forme de courge.

Ecritoire de poche en bois noir sculpté avec réservoir à encre et tube pour pinceau.

592. — de ceinture avec tube porte-pinceau, bronze niellé d'une grecque.

— de poche en fer niellé d'argent et or, en médaillons avec réservoir à encre fermé par un couvercle à charnière en argent sur lequel sont gravés deux personnages.

Encrier portatif en bambou garni d'ivoire; réservoir à encre en os de cerf.

593. **Ecritoire** de poche en cuivre gravé et sculpté, avec réservoir à encre et tube à pinceau, travail chinois.

Petit encrier portatif en bois de fer avec dessins laqués d'or. Signature.

— portatif en cuivre avec réservoir à encre en cuivre, orné d'une armoirie.

594. **Porte pinceau** de forme concave et oblongue en ivoire, gravé d'un dessin qui représente un génie debout sur les nuages.

595. — en bronze, formant un pont jeté sur un ruisseau près duquel se tiennent deux pêcheurs.

596. **Godet** à eau pour boîte à écrire, forme de fleur de chrysanthème épanouie, en argent.

597. — cornaline rouge, pour délayer l'encre de Chine.

598. **Pinceau** avec manche en fer, très finement damasquiné or de deux tons, fleurs de chrysanthèmes.

599. — en laque rouge de Pékin sculpté à motifs de bambous, de pêchers en fleurs et de branches de pin.

600. **Trois pinceaux** en laque d'or, en laque noir et en laque de couleur.

VOIR AUSSI POUR LES *midzouiré* AUX BRONZES ET A LA CÉRAMIQUE POUR LES PORTE-PINCEAUX ET LES ÉCRITOIRES EN PORCELAINE.

USTENSILES DE FUMEURS

601. **Trousse de fumeur,** cuir noir et bronze, comprenant la pipe avec son étui, et la poche à tabac ornée d'un kanamono et d'un gros Netsuké-bouton en métal retenu par une chaîne.

602. **Blague à tabac** en maroquin noir garnie d'un beau kanamono en argent accompagnée d'un étui garni de sa pipe en bronze et argent ornée d'un paon. La blague et l'étui à pipe sont retenus par une chaîne en argent avec coulant ciselé de même métal et terminée par un gros bouton en ivoire portant d'un côté, gravé en creux, un personnage appelant un cheval. Un autre cheval est au repos. Signé.

603. — formée d'une boîte en bois noir sculpté (tigre en ivoire, ornements en nacre et cachet). Cette blague est accompagnée d'un étui à pipe en bois sculpté, imitant une branche sur laquelle court un serpent en bronze qui poursuit une limace et un crapaud. Pièce curieuse.

604. — en cuivre brun formée par un kanamono en argent (la carpe dans les flots), accompagnée d'un étui avec sa pipe, le tout retenu ensemble par une ganse garnie d'un coulant en fer orné de chaque côté d'un guerrier à cheval tirant de l'arc.

605. — formée d'une noix de coco creusée et garnie d'une pochette en cuir (groupe de chevaux au pied d'un saule, auprès d'un ruisseau). Elle est accompagnée d'un étui à pipe en forme de tube laqué rouge et noir garni d'un bout ajouré en argent et d'un bouchon de même métal et laqué. Coulant en laque de Pékin, petite pipe en métal guilloché.

606. — en maroquin noir, garnie d'une pipe en bambou avec monture argent, d'un kanamono en argent (assemblage fleurs); d'un gros bouton-netsuké en ivoire garni d'une fleur épanouie en argent, retenu par des chaînes en argent avec coulant.

607. — en bois sculpté avec appliques d'ivoire et bronze, de forme lenticulaire, accompagnée d'un étui à pipe en os de cerf sculpté.

608. — en bois sculpté avec incrustations de corail, malachite et burgau; sur la face un dragon en cuivre doré; sous le couvercle une inscription en laque noir; ganse avec coulant et étui de bois sculpté et laqué.

609. **Tabatière** en bois naturel sculpté en forme de tête.
— en bois naturel sculpté, en forme de rocher avec grottes, cascade. Personnages, habitation, arbres, en métal.

610. **Etui** en os de cerf sculpté. Deux dragons et un personnage religieux.

611. — à pipe en ivoire, gravé en creux d'une corbeille de fruits. Il est accompagné d'un bouton ivoire formant Netsuké et d'un coulant d'argent.

612. — à pipe en tige de bambou tigré, avec anneau de suspension en ivoire ajouré et décoré en demi-relief d'un motif de poissons.

613. — en os de cerf sculpté. Deux personnages causant auprès d'une source qui jaillit d'un rocher.

614. — en os de cerf sculpté. Deux motifs à personnages.

615. — en bois naturel avec applications de nacre, ivoire teinté, etc. (feuilles d'eau et escargot).
— en bois naturel avec applications de nacre, ivoire teinté, burgau, imitation de bambou. Un crapaud et des feuilles de plantes aquatiques.

616. — en laque noir avec application de burgau. Papillon voltigeant sur des fleurs de ronces.
— en laque noir avec application d'ivoire teinté. Fruit et bouton de lotus.

617. **Etui** à bâtons d'encens. Il forme un tube en bois laqué rouge avec monture d'ivoire. Long. $0^{m},38$.
— à pipe en laque rouge sculpté.

618. — en laque noir avec application de métal. L'homme aux longs bras voulant attraper des oiseaux. Signé au bras droit.
— en laque noir avec application de métal. Femme jouant avec un cerf-volant.

619. — en os de cerf sculpté. Personnage appuyé sur une borne.
— en os de cerf sculpté. Deux hommes près d'une cascade.
— en os de cerf sculpté. Crapaud et papillon.

620. **Kanamono** en argent ciselé. Plaque ajourée de forme carrée, représentant les flots au milieu desquels se tord un dragon. La tête et une partie du corps se détachent en haut relief ainsi qu'une de ses griffes, qui enserre la perle sacrée, figurée par une boule en verre. XVIIIe siècle.

Les *Kanamono* sont des plaques de métal qui s'appliquent aux pochettes à tabac pour orner les fermoirs.

621. **Bouton** en shibuitschi, ciselé pour attacher la pipe.
— monture argent.

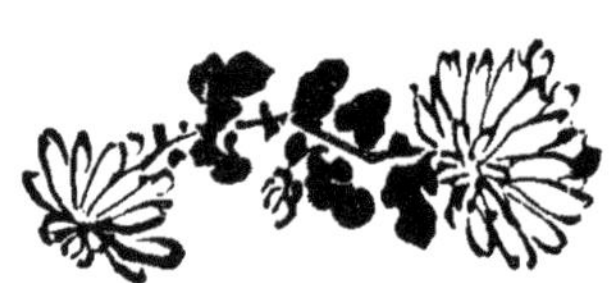

CÉRAMIQUE
CHINOISE ET JAPONAISE

PORCELAINE, GRÈS, POTERIE

622. **Grand vase** en porcelaine de Chine, de la dynastie des Ming, côtelé avec médaillons de fleurs bleues. On a ajouté un col et un couvercle en métal.

623. **Autre vase** en porcelaine de Chine, à décor bleu, avec son couvercle.

624. **Vase** en porcelaine de Chine, de forme ronde, côtelée, avec décor de jeux d'enfants polychromes. Belle pièce datée de Khanghi.

625. — haut en porcelaine de Chine, décor de personnages. Sur socle.

626. **Deux très beaux plats** porcelaine de Chine, famille rose, décor coq et fleurs.

627. **Ancienne porcelaine** de Chine, décor sous couverte grand feu. Vase carré, à décor de branches fleuries en camaïeu bleu avec bande en relief réservées en blanc imitant des écoinçons et des peintures. Socle en bois.

628. **Petit tabouret** de pied en porcelaine dite blanc de Chine avec un paysage peint sur le plateau.

629. **Petit vase** balustre et quadrilobé à deux anses, trompes d'éléphants en vieux chine à couverte d'émail vert bronze. Socle en bois sculpté. Haut. 0^{m},15.

630. **Brûle-parfum** en porcelaine de Chine, forme vase à deux anses avec pied et couvercle en bois de fer sculpté ajouré. Couleur jaune.

631. **Deux assiettes** en vieille porcelaine de Chine avec la marque de Siouen-Te (1426-1436), famille verte (dynastie des Ming). Décor : Un dragon au centre, sur le marli des objets sacrés.

632. **Vase** en blanc de Chine à pans coupés sur base évidée en arcades ; à la base quelques flots en demi-relief.

633. **Coupe** en porcelaine du Japon avec couvercle, monture en bronze doré, anses têtes de lion bronze doré.

634. — en porcelaine du Japon sur pied en bronze.

635. **Grand vase** circulaire flambé rouge et bleu.

636. **Grosse jardinière** à décor de dragons bleus, sur pied en bois noir.

637. **Très beau vase** ancien, décor grues bleues en relief sur fond jaunâtre, malheureusement les anses ont été brisées.

638. **Vase** cylindro-ovoïde, fond blanc jaunâtre, recouvert par un décor mosaïque à quadrillages en rouge, vert et or, sur lequel retombe une coulée d'émail noir. SATZUMA.

639. **Plateau** terre vernissée, jaune soufre, forme d'écran, portant dans le fond l'image, émaillée en brun, du Dieu du bonheur Hoteï chargé de son sac Signé.

640. **Petit vase** japonais en porcelaine à décor polychrome à pans coupés (Imari).

641. **Porte-pinceau** en porcelaine bleue forme tonneau sur pied en bois de fer.

642. **Brûle-parfum**, forme tête de mort, en grès, d'un grand réalisme.

643. **Une théière** en grès coloré et émaillé, forme de crapaud, portant sur son dos son petit. L'anse est passée dans le corps de libellules se redressant. Pièce très curieuse.

644. **Écritoire** à décor de paysages et animaux, du style chinois. A l'intérieur compte-gouttes en forme de papillon; une pierre à délayer l'encre de Chine et deux pinceaux montés sur faïence. Terre vernissée d'Awata.

645. **Panneau** en largeur, en pâte grise pailletée or, incrustée de plaques de porcelaine à décor bleu sur blanc. Gama-Sennin, le sennin au crapaud.

646. **Fleurs** et canards en porcelaine sur panneau laqué.

647. **Brasero** en terre émaillée avec dessins ajourés bleu, vert et or. Fabrication de Ninsei.

648. **Brûle-parfums** en terre émaillée craquelée, avec fleurs de chrysanthèmes rouges en relief sur le couvercle ajouré, et autres fleurs à feuillages bleu et vert.

649. **Bonbonnière** en porcelaine d'Owari à dessins bleus, forme carrée avec quatre pieds blancs. Motifs de personnages dans le fond du vase et sous le couvercle.

650. **Plateau** quadrilatéral en porcelaine d'Imari. Un seigneur, dans un jardin, est accosté par un chanteur qui s'accompagne sur le tzouzoumi.

651. **Brûle-parfums** en terre vernissée en forme de grelot. Sur le couvercle, une sorte de poignée formée par deux têtes de canard. Au-dessous une inscription.

652. **Plat** en grès émaillé vert, bleu et violet. Deux canards dans les roseaux.

653. — à décor de coq et de branchages avec fleurs en émaux de diverses couleurs sur fond crème.

654. — en porcelaine à pans coupés. Décor : dragon dans les flots. Émaux vert, bleu, violet et jaune. Décors extérieurs vert et bleu sur fond blanc. Marque.

655. **Grand plat** en terre vernissée à rosace en relief, dite de Ban-Ko. Jaune, violet, vert, sur fond jaune pâle.

656. **Plat** porcelaine blanche, dessins or et fleurs en relief. Signature.

657. **Plateau** creux et de forme carrée en porcelaine, fond bleu avec dessin or. Deux chrysanthèmes blancs en relief dans le fond. Signature.

658. — rond et creux, en forme de tambourin, supporté par trois petites figurines en porcelaine blanche. La caisse du tambourin est à fond bleu, avec dessins réservés en blanc à l'intérieur. Paysage montagneux et voyageur. Owari.

659. **Plat** en forme de jonque chinoise. Décor de personnages faisant de la musique, peignant, jouant au gô. Owari.

660. **Théière** en porcelaine polychrome. Hotei.

661. **Bouteille à saké**, de forme carrée, à anse, en grès gris craquelé. Décor : une branche de prunier fleuri, feuilles et fleurettes en émaux polychromes.

662. **Personnage** assis vêtu d'une riche tunique verte et broderies bleues. Porcelaine ancienne.

663. **Bouteille à saké** en terre blanche émaillée, ayant l'aspect d'une faïence, avec décor polychrome. Hoteï s'appuyant sur une espèce de gourde, avec une plaisante satisfaction.

664. — hexagonale, col allongé, grès gris, émaux polychromes avec rehauts d'or. Pièce fine.

665. **Théière** de Kinkozan, en biscuit presque noir avec émaux polychromes, fin du XVIIe siècle.

666. **Petit flacon** avec son bouchon, à corps surbaissé émaillé rouge à l'imitation des laques de Pékin. Scène à personnages. *Signé :* Hozan.

667. **Théière** en porcelaine d'Imari ayant la forme d'une courge.

668. **Grès** de Bizen. Hoteï jouant avec un enfant.

669. **Statuette** en terre émaillée, reposant sur un socle. Ebisou et sa dorade.

670. **Théière** porcelaine, céladon vert. Tortue à tête de chien.

671. **Vase** céladon vert ancien à décor extérieur ajouré, à l'intérieur, un cylindre plein et parfaitement dissimulé, deux anses, têtes de chimères.

672. **Théière** d'Owari, forme carrée avec goulot en saillie. Couvercle rond à bouton en verre. Anse en cuivre.

673. **Porte-pinceau** en terre émaillée et brute de Hózan. Rocher avec deux chiens de Fò, au milieu de fleurs et de feuillages. Cachet en dessous.

674. **Petit brûle-parfums** en porcelaine d'Imari, avec reliefs sur la panse et deux chiens de Fo par anses. Couvercle ajouré surmonté d'un chien de Fo.

675. **Conque** d'où sort un guerrier, sonnant lui-même d'une conque. Elle repose sur quatre pieds formés par les glands de la cordelière qui l'entoure. Pièce curieuse à émaux polychromes.

676. **Porte-pinceaux** en faïence émaillée vert bleu, et or, portant sur chaque face un motif ajouré, deux personnages sur un pin. Cachet de Kinkozan.

677. **Deux bols** en vieille porcelaine de Chine, famille verte, pieds ajourés en bois de fer. Décor : fleurs de chrysanthèmes au milieu de rinceaux verts.

678. **Vase** à corps lenticulaire, supporté par deux personnages, couvercle surmonté d'un troisième personnage, Satzuma.

679. **Grand bol-écuelle** en terre vernissée de Banko. Fleurs et feuillages polychromes en creux, sur fond vert, à bordure jaune.

680. **Plat** en terre vernissée de Banko. Décor polychrome sur fond chamois : la carpe dans la cascade.

681. **Porte-bouquet applique** en vieille porcelaine du Japon, personnage portant un grand panier en osier sur son dos.

682. **Statuette** en porcelaine polychrome. Un guerrier.

683. **Plateau carré** supporté par quatre pieds en forme de têtes de dragon. Décor : un pommier en fleurs sur fond bleu. Cachet. Fabrique d'Imari.

684. **Porte-bouquet** d'applique en grès gris (Ao-Bizen). Il représente le dieu Hoteï, très rieur, avec son sac qui lui descend tout le long du dos. Hauteur $0^{m},15$.

685. **Bouteille à saké** à corps ovoïde surmonté d'un étroit col tubulaire. Le décor bleu sous couverte représente des jeux d'enfants sous des sapins. Porcelaine de Hizen. XVIIIe siècle.

686. **Thélère** ovoïde, à goulot contourné et anse en forme de poignée; petit col cylindrique déprimé ; fond émaillé vert; sur chaque face un médaillon fond jaunâtre à rayures horizontales, décoré d'un animal fantastique en bleu, vert, jaune et manganèse. Kutani.

687. **Coupe surbaissée** à bord plat évasé, à décor de grandes tiges feuillues, émaillées en brun jaunâtre. Kinkozan.

688. **Petit bol** en terre brune émaillée en bleu jaunâtre et jaune, de rinceaux à grands ramages. Kinkozan.

689. **Trois lapins,** terre blanche vernissée avec taches jaunes. *Signé :* MASAKI.

690. **Presse-papier** en forme de tortue en terre émaillée vert. *Signé :* YEÏRAKOU, potier du XIXe siècle à Kioto.

691. **Plat rond** à épices, décor varié, bleu sur fond blanc. Chine, cachet : dynastie des Thsing. Kia-King, empereur de 1796 à 1821.

692. **Potiche ronde** en vieux japon, décor fleurs, bleu sur fond blanc, pied sculpté en bois de fer.

693. **Deux bouteilles** accolées et réunies à la hauteur du col par une barrette. Décor de personnages dansant. Satzuma.

694. **Plat oblong** en porcelaine d'Imari. Décor polychrome.

695. **Petit vase** balustre quadrangulaire et à deux anses trompes d'éléphants, émaillé bleu d'empois craquelé. Porcelaine vieux chine. Haut. $0^{m},20$.

696. **Bol à thé** cabossé, émaillé blanc. Signé et décoré d'une poésie. — Bol à thé. Décor cheval en relief, avec bosselage. *Signé :* KANÉ-SHIGUÉ.

Le Kogeï Shirio, ouvrage sur les industries et les arts du Japon (1878) donne *Kané-Shigué* comme nom d'une famille de potiers de Bizen existant depuis longtemps. La fabrication de Soma remonterait au milieu du XVIIe siècle et aurait été dès le début encouragée par le prince de ce nom qui occupait la province de Swaki. Le cheval courant figure dans les armoiries du Prince de Soma et le premier dessin qui en aurait été fait sur les poteries serait dû à Kano Naonobou, lequel l'aurait exécuté à la demande du Prince. Peut-être le Kané Shigué de la province de Swaki est-il un descendant de Kané Shigué de Bizen, bien que ces deux provinces soient à de grandes distances. En tous cas le Kané Shigué du bol, celui de Franks et celui du Kogei Shirio s'écrivent de la même manière. Franks ne donne pas de date à son bol, je crois celui-ci moderne. Une histoire de potiers japonais publiée en 1886, cite la famille Kané-Shigué dans la province de Bizen. *Note du musée Guimet.*

— Petit cendrier en forme de courge. — Bouteille à saké, émaillée partie verte, partie jaune. Cachet Rakou.

697. **Petit brûle-parfum** tripode, en porcelaine d'Owari, à décors bleu sur fond blanc, anses chimères et chien de Fo pour bouton. — Petit vase en porcelaine de Koutani, de forme ovoïde avec col évasé. Au centre une tige de pommier en fleurs, émaillée en relief. — Théière en grès vernissé rouge imitant le laque de Pékin, forme surbaissée octogone, décor de personnages dans un paysage.

698. **Vieille assiette** en porcelaine du Japon. Oiseau perché sur une branche de bambou et médaillons avec fleurs et feuillages, sur fond grillagé rouge. — Deux assiettes en porcelaine de Koutani. Personnages dans un jardin. Beaux émaux polychromes translucides. Dessins géométriques rouges sur le marli. Signées. — Vieille assiette du Japon, décor bleu sur fond blanc, à bord festonné et filet brun sous couverte. Barque traînée par deux hommes. Marque.

699. **Plat en terre** vernissée verte de Banko, forme ronde. Bordure verte avec ornements en relief. Décor : oiseau de Hô sur une branche de pawlonia. — Petit plat octogone, à fond émaillé blanc, dessins bleus. Décor : un pêcheur au pied d'un arbre au bord de l'eau. Signature. — Petit plat carré de Banko. Bordure verte avec ornements en relief. Décor : barque et rocher sur fond jaune d'or. Dans un angle, une poésie en relief.

699 *bis*. Deux **plats** du Japon.

700. **Vase en grès** forme pitong, caractères en émail noir et blanc. — Plateau en grès trilobé avec trois palmes intérieures en brun foncé et supporté par deux pommes de pin. *Signé:* TANAKA TÔ-OU.

700 *bis*. Quatre **plats** japonais.

701. **Gargoulette** en flambé de Chine. — **Daï-Kokou**, assis sur un ballot de riz, le maillet de mineur à la main, terre vernissée verte. Cachet.

702. **Plat** creux et rond en terre vernissée de Banko. Bordure verte ornée de dessins géométriques. Sur le fond, deux personnages, à costumes violet et bleu, regardant un oiseau qui vient se percher sur un arbre près d'une maison. *Signé:* SHIDO-SHOUNMIN. — **Plat** en faïence de Koutani. Deux canards sur fond jaune. — **Plateau** carré en terre vernissée vert et jaune dite poterie de Banko. Décor : Un paysage montagneux en léger relief avec deux chaumières et des nuages coupant les montagnes. Marqué d'un cachet.

703. **Bol** en terre vernissée à fond rouge; sur le marli, une guirlande de fleurs entourant différents personnages. — en terre vernissée vert de Banko, fleurs de chrysanthèmes. — côtelé. Deux branches de feuillage émail bleu et vert et grecque noire. Marque de fabrique.

704. **Plat** rond et creux de Banko. Bordure verte avec ornements géométriques en relief. Fond orné de divers oiseaux polychromes. — **Grand plat** rond et creux de Banko, à bordure verte simulant en haut relief les flots de la mer. Le fond est émaillé blanc avec un oiseau et ornements bleu. Marque de fabrique.

705. **Petite bouteille** en vieux Chine émaillé, bleu fouetté. Socle en bois. Haut. 0m,17. — **Bouteille** en porcelaine à col allongé. Dessins en relief bleu et blanc sur fond marron. — **Bouteille** à long col en grès rouge orné de personnages, avec encadrement en émaux de couleur. Signature.

706. **Flacon** en grès rouge de Bizen, dont l'étroit goulot est supporté par un éléphant. Double inscription : Konpira Daïgonghen. Hauteur 0m,08. XIXe siècle.

707. **Statuette** de guerrier en grès peint. — Hotei, statuette en grès.

708. — en espèce de grès, couverte noire. Shoki chassant un démon.

709. **Vase** en forme de coquille, avec une écrevisse sur le couvercle.

710. **Petit plateau** long. Théière en grès.

711. Quatre **théières** faïence.

712. Deux **vases** porcelaine de Chine, décor de roses, avec couvercle.

713. **Statuette** de Kwan-non, blanc de Chine.

714. Dix **pièces** assiettes, tasses, etc.

715. Trois **théières**.

716. Deux **vases**.

717. Quatre **tubes**, porte-parapluies.

FAIENCES ET VERRES

DE PROVENANCES DIVERSES

718. **Plats** et assiettes, style persan et rhodes, neuf pièces.

719. **Potiche** en faïence de Delft, octogone, décor bleu sur fond blanc. Personnages nombreux dans un jardin.

720. Deux **vases** de forme carrée, en hauteur, porcelaine gros bleu avec médaillons blancs, dessin bleu empois, fabrication française, imitation de Chine. Garniture en zinc.

721. **Beau flambé** à tons gris et bleus. Anses têtes de chien.

722. **Grès** flambé de Carriès.

723. **Assiettes** et plats de fabrication européenne, neuf pièces.

724. Un très grand **plat**, 0^{m},87 de long sur 0^{m},42 de haut.

725. Cinq **plats** et assiettes de fabrication européenne.

726. **Verreries** de Venise, de Vienne, de Gallet de Nancy. Cinq pièces.

OBJETS EN BRONZE

DE LA CHINE ET DU JAPON

VASES, BRULE-PARFUMS, STATUETTES, CHANDELIERS DE TEMPLE, MIDZOUIRÉ, ETC.

727. **Belle statuette** en bronze ancien. Sur un rocher au bord de la mer, la déesse Kouan-yin, les cheveux tordus au sommet de la tête, est vêtue d'une robe à longues manches et porte sur la poitrine une plaque (*ying-lô*). Près d'elle, trois makimono roulés, déposés sur le rocher. Pièce gracieuse et d'une exécution très soignée et très fine.

728. **Vase** en bronze du XVIe siècle, forme ronde; col évasé. La panse, à renflement, est divisée en plusieurs mascarons qui lui donnent un aspect gothique.

729. **Brûle-parfum** tripode, cylindrique, avec galerie ajourée entre la base et le couvercle, anses ajourées. Le couvercle supporte un chien de Fô. Des émaux translucides ornent le pourtour du brûle-parfum ainsi que le chien de Fô. Superbe bronze ancien.

730. **Pot à cendre** de forme cylindrique à couvercle ajouré, surmonté d'un lapin à longues oreilles. Travail de damasquiné or et argent représentant des personnages chinois dans un paysage. XVIe siècle. Hauteur $0^{m},08$.

731. **Grand chandelier** de temple à patine vert de gris. Un dragon enroulé sur un socle hexagonal. Bronze chinois ancien.

732. **Tomoe-Gozen,** maitresse de Kiso-Yoshinaka (XVIIe siècle), restée célèbre par sa force physique. On la représente à cheval et souvent déracinant un arbre et s'en faisant une massue. Bronze japonais ancien.

733. **Tortue** marchant et portant un petit sur son dos. Bronze ancien. Marque de Seimin.

734. **Beau vase** en bronze chinois, patine verte. Un dragon s'enroule autour du col du vase.

735. **Bronze** chinois à décor d'émaux cloisonnés. Brûle-parfum en forme de pigeon reposant sur deux roulettes. Émaux cloisonnés anciens.

736. **Charmant bronze** chinois niellé d'argent servant à placer les baguettes à parfums. Il porte le cachet des Ming et de l'empereur Siouan-te (1426 à 1436). Très belle qualité. Signé.

737. **Vieux bronze** japonais. Brûle-parfum en forme de suspension. Une grue porte sur ses ailes le Sennin Ossi-shin tenant en main un makimono déroulé.

738. **Cloche bouddhique** en vieux bronze chinois, avec attache à crochet. Sur la cloche, inscription en caractères anciens.

739. **Presse-papier** en bronze. Rat rongeant une courge.

740. **Cornet** à pied élargi, orné de filets saillants, anses quadrangulaires à têtes de chimères. Beau bronze du XVIe siècle.

741. **Plateau** carré en ancien étain, avec incrustations de cuivre. Dragon dans les nuages.

742. **Compte-gouttes** en bronze, forme théière carrée, avec anse carrée, ornée d'une grecque. Sur les différentes faces un cordon de tortues dans les flots.

743. **Flacon** en bronze doré et finement ciselé et ajouré. Travail chinois.

744. **Brûle-parfum** en forme de lampe de sanctuaire avec chaînes de suspension, bronze ancien. Au couvercle une trompe d'éléphant.

745. — en bronze ancien, de forme hexagonale, avec ornements sur chaque pan et un couvercle simulant des nuages sur lesquels plane un chien de Fô. Le tout supporté par trois pieds courbes.

746. — tripode, couvercle chimère.

747. **Vase** en vieux bronze, forme balustre à quatre pans égaux. Arabesque à la base et au milieu du col où s'attachent deux anses.

748. — en bronze ancien à panse circulaire et concave, écussons gravés en creux. Anses avec anneaux. Socle en bois laqué rouge.

749. **Divinité indienne** à huit bras, avec divers attributs. Vieux bronze du Japon.

750. **Vase** à deux anses en bronze ancien, forme de bouteille à long col, arabesques.

751. **Lao Tseu** assis sur un cerf. Bronze ancien provenant d'un temple taoïste.

752. **Brûle-parfum** en bronze ancien, tripode, à tête d'éléphant, anses ajourées. Sur le couvercle un chien de Fô, la patte sur la boule précieuse.

753. **Vieux bronze** japonais (Hian-tong) servant à porter les baguettes à parfums plantées dans du sable tamisé. Très belle pièce d'une seule fonte avec une galerie ajourée et des plantes d'eau sur le pourtour.

754. **Bronze** japonais ancien. Vase à panse concave orné de deux anses à tête de dragon. La base et le sommet du vase sont ornés d'une sorte de couronne à tête de clous. Trois têtes analogues à celles des anses forment les pieds de ce vase d'un caractère peu commun.

755. **Brûle-parfum** en forme de vasque ronde, avec deux têtes pour les anses. Bronze ancien, pied et couvercle en bois de fer ajouré.

756. — bronze. Oiseau sur une plante d'eau.

757. **Petit chandelier** de voyage, formé par une boite bombée en bronze, à couvercle mobile.

758. **Amida** dans une gloire, debout sur le lotus. Bronze ancien doré. Derrière sur le socle une inscription : fait par Ko-Kana-Itchi Massa.

759. Deux **chandeliers** de temple, bronze ancien.

760. **Brûle-parfum** en forme de fruit. Belle qualité.

761. **Cloche** en vieux bronze, forme circulaire se terminant par quatre pans coupés avec bourrelet. Comme attache, un serpent contourné.

762. **Bouteille** en bronze ancien, à col très allongé et garni de palmettes.

763. **Brûle-parfum** en vieux bronze chinois, tripode, en forme de bateau flanqué d'un dragon.

764. **Vase** de mariage, vieux bronze niellé en partie d'argent avec dessins en relief, et deux anneaux passés dans les anses.

765. **Jardinière** circulaire à pourtour côtelé, en bronze brun, anses à têtes de dragons ; base carrée chargée d'ornements géométriques. Travail chinois du XVe siècle.

766. **Vase** bronze ancien en forme de balustre losangé, évasé par le haut, avec deux oreillettes pour les anses reliées par une grecque. Sur la partie médiane et renflée, un pavage triangulaire arrêté par un ornement en rinceau délimitant le fonds uni. Belle pièce peu commune.

767. — à deux anses en bronze ancien, forme de calice losangé avec ornements en demi-relief sur champ de grecque. Belle pièce.

768. **Compte-gouttes** en bronze ancien, finement ciselé, forme de boule, reposant sur quatre pieds ; pour anse, un dragon contourné.

769. — en beau bronze. Animal formant une coupe libatoire avec anse ; grecque en argent incrusté.

770. — en bronze coréen (?) très ancien. Il est formé d'une sorte de théière à trois pieds, ornée d'une tête d'animal fantastique. Le couvercle porte une tête d'oiseau. Des caractères sont gravés entre chaque pied. Pièce très originale et d'un archaïsme bizarre.

771. — en beau bronze, forme de fruit avec tige, feuillage et graines. Pièce très fine et très soignée.

772. **Flambeau** en bronze finement ciselé, forme de grue posée sur une tortue et portant une branche de lotus dans son bec.

773. **Jolie vase** en bronze à col très allongé, uni, forme bouteille dont la base simule les pétales d'un chrysanthème.

774. **Brûle-parfum** chinois, avec anse en bronze entourée de jonc. Couvercle ajouré. Un cavalier traverse un pont. Marque: Siouan-te, 1426-1436.

775. — chinois de forme carrée sur pieds. Deux têtes de lion avec anneaux fixes forment les anses. Un couvercle en toit carré, ajouré, en bois de fer, achève de donner à ce bronze chinois un caractère très particulier. Cachet fondu sous la pièce. Dynastie des Ming. Siouan-te, empereur, 1426-1436.

776. Un **bonze,** statuette cuivre.

777. **Vase** en bronze ancien à panse ovoïde et col évasé reliés ensemble par deux anses arrondies.

778 **Joli vase** en bronze ancien à col très évasé, avec anses à têtes de dragons. Entre le col et la base est un ruban orné d'un pavage géométrique.

779. **Grand brûle-parfum** de temple à deux anses, avec couvercle ajouré. Sur la panse du vase quatre compartiments avec motifs d'animaux et fleurs. Sur le couvercle le Sennin à la grue, tenant le petit orgue appelé Shô. XVIIIe siècle.

780. **Vase** en bronze ancien en forme de gourde plate, à deux anses. Sur une des faces une poésie japonaise en caractères anciens émaillés. Sur l'autre, un signe de longévité en émaux de couleurs. Très belle pièce.

781. **Beau vase bouddhique** en bronze chinois, avec ornements en relief se détachant sur un fond à dessins géométriques.

782. **Joli vase** en bronze ancien, col allongé, anses, tête de dragon.

783. **Brûle-parfum tripode,** en bronze ancien de forme hexagonale, anses ajourés. Couvercle ajouré sur lequel rampe un dragon.

784. **Vase** à deux anses, en bronze.

785. **Grande jardinière** en bronze, socle en bronze, chien de Fô sur le couvercle. Belle pièce.

786. **Brûle-parfum** en bronze ancien, avec un personnage lisant sur le couvercle, pied ajouré en bronze.

787. — en bronze, forme vasque, personnage sur le couvercle.

788. **Six bronzes** anciens, brûle-parfum, chandelier de temple, etc.

789. **Modèle** en petit d'une bouilloire à thé sur fourneau tripode, avec deux anses en forme de tête. Gravure au burin sur la bouilloire.

790. **Petit brûle-parfum** tripode gravé au burin, deux anses et couvercle dorés. Le couvercle, ajouré et orné de fleurs de chrysanthèmes, est surmonté d'un bouton (fleur de lotus). Pied en bois de fer sculpté.

791. **Bronze** ancien, XVIIIe siècle. Le personnage légendaire Bokousen tenant, de son bras étendu, une petite coupe qui renferme une boule de cristal.

792. **Vase** en vieux bronze à long col avec évasement à la partie supérieure. Forme peu commune.

793. **Brûle-parfum** bronze ancien en forme d'oiseau (martin-pêcheur) sur une fleur de lotus renversée.

794. — de suspension représentant un singe qui s'accroche de son bras droit plus long que nature. Hauteur $0^{m},25$.

795. **Vase** applique, en vieux bronze, forme d'éventail.

796. **Quatre pièces** : deux Go-Kō, San Kō et Kō simple. Images de la foudre. Culte bouddhique.

Bronze japonais.
Gokô : fondu à cinq pointes.
Sankô : fondu à trois pointes.
Kô : fondu à une pointe.
Les Kôs sont des instruments, images de la foudre, dont se servent les prêtres au cours des cérémonies bouddhiques et dans les exorcismes. Le Kô simple sert aux prêtres de rang inférieur, le San-kô « trois kôs » qui symbolise les trois *manières d'être* des Bouddhas ; le Go-kô « cinq kôs » emblèmes des cinq bouddhas suprêmes. Il n'est employé que par les prêtres du plus haut rang.

797. **Ko** à huit branches, finement ciselées.

798. **Brûle-parfum** en forme de panier à deux anses mobiles, couvercle ajouré orné de chrysanthèmes et de chauve-souris, forme octogonale avec médaillon sur chaque face. Décor de fleurs et arbustes. Cuivre jaune.

799. **Vase** balustre et cylindrique à col évasé. Arabesques dans la partie supérieure, arête saillante sur la partie renflée. Pièce de style.

800. **Vase** à saké, ovoïde, en bronze brun, présentant sur l'épaulement des gouttelettes en bronze doré. Support en bronze brun simulant les flots de la mer. Marque sur le vase.

801. **Brûle-parfum** en bronze ancien, ayant la forme d'un éléphant qui porte sur son dos un palanquin en guise de couvercle. Belle pièce.

802. — cygne dormant sur l'eau, ailes ajourées.

803. **Vase** quadrangulaire forme balustre. Anses à la partie médiane. Petit pied carré en bois dur. Beau bronze chinois. Marque en relief sous le pied. Hauteur $0^{m},25$.

804. **Vase** en vieux bronze, à col très allongé et garni d'un petit bourrelet.

805. **Chandelier** en vieux bronze. Deux chiens de Fo, reposant sur un socle à galerie ajourée, portent entre leurs pattes la boule précieuse sur laquelle repose une longue tige fleurie entourée de feuillage.

806. **Bronze** ancien. Deux grues accouplées sur un rocher.

807. **Chandelier** de temple en bronze ancien, travail chinois. Une fleur de lotus épanouie, sur une base à trois pieds, supportant une tige terminée par une feuille dans laquelle se piquait le cierge. Sur la base circulaire sont gravés trois caractères.

808. **Brûle-parfum** en forme de homard, bronze ancien.

809. **Beau brûle-parfum** en vieux bronze, forme d'oie.

810. **Vase** de forme ovoïde, à très long col. Bronze ancien.

811. — à base sphéroïdale aplatie, long col décoré de deux branches de cerisier en fleurs qui forment les anses. Belle pièce en bronze ancien.

812. **Vase** balustre, à col allongé, anses têtes de dragon. Bronze ancien.

813. **Laô-tseu** sur son buffle. Bronze ancien.

814. **Le Sennin** au crapaud. Bronze ancien.

815. **Deux cache-pot,** bronze ancien à trois pieds, ornements en forme de dent.

816. **Brûle-parfum** bronze, en forme de coiffure seigneuriale (*Eboshi*).

817. — de forme octogonale. Deux têtes de lion pour anses. Couvercle ajouré d'une grecque sur lequel deux chiens de Fô semblent jouer avec la boule précieuse qui est mobile. Travail chinois.

818. — en forme de hutte sur pilotis de bambou. Un coq est perché sur le toit. Bronze ancien.

819. — en bronze, forme de boule ajourée sur laquelle est un chien de Fô. Petite base creuse portée par trois pieds courbes.

820. — en bronze ancien. Deux couronnes réunies par cinq pieds en forme de trompes d'éléphants supportent un vase à couvercle ajouré ayant la forme d'un bouton de fleur prêt à s'épanouir. Trois sortes de flammes alternant avec une armoirie ajourée servent d'anses et complètent l'ornementation très simple mais gracieuse.

821. **Coq chantant.** Bronze ancien.

822. **Brûle-parfum** en bronze ancien. Un canard faisant sa toilette.

823. — en bronze, forme urne funéraire supportée par quatre pieds courbes, avec couvercle ajouré surmonté d'un dragon dans les nuages.

824. **Beau vase** en bronze ancien, à panse ovoïde unie, anses formées de deux têtes cornues base et col ornées d'un ruban de mascarons.

825. **Vase** en forme de bouteille, avec deux anses au renflement du col, flots en relief. Vieux bronze.

826. **Grand vase** en bronze ancien, forme ovoïde, à bords évasés, côtelé, deux têtes de dragon pour anses. Haut. $0^{m},29$.

827. **Brûle-parfum** en forme de barque, aux extrémités recourbées; au centre un petit pavillon ajouré. La barque repose sur quatre pieds bas simulant des vagues.

828. **Coupe** en bronze du Tonkin, damasquinée d'argent. Cachet de provenance.

829. **Petit brûle-parfum** de forme sphéroïdale, supporté par trois pieds à têtes de lion; une couronne ornée d'un chien de Fô courant sur un fond de grecques et garnie de deux anses complète l'ornementation. Chien de Fô sur le couvercle ajouré et bombé.

830. **Brûle-parfum,** forme de canard mandarin au repos sur la terre. Bronze ancien.

831. **Grand vase** à anses courbes. Beau bronze chinois. Cachet.

832. **Un grand cachet** carré avec caractères chinois antiques. Au centre une poignée terminée par un chien de Fô, couché.

833. **Deux vases** de forme quadrangulaire et en hauteur, ornés sur chaque face de caractères en relief sur un champ de grecque.

834. **Petite boite** octogone en sentokou, avec poésies en argent incrusté.

835. **Petit vase** bronze ancien de la Chine, forme de vasque surbaissée, tripode, avec filet plat en relief sur lequel est un Nien-ao: Dynastie des Ming. Siouan-te (1426-1436). — Bœuf couché. Petit bronze.

836. **Suspension** à fleurs. Bronze ancien. — Compte-gouttes en bronze, en forme de canard mandarin. — Petit chandelier en bronze émaillé ancien du Japon en forme de théière aplatie.

837. **Brûle-parfum** en bronze ancien du Japon, forme de vasque ronde et tripode. Caractères en relief sur la panse. — Petit vase forme de calice en vieux bronze de Chine, orné d'une couronne finement ciselée. Cachet. — Compte-gouttes en bronze, forme de théière surbaissée et burinée. Ornements: un oiseau volant au-dessus d'un bambou. — Petit vase en bronze ancien à deux anses et niellé d'argent. Signature.

838. **Petit compte-gouttes** en bronze ayant la forme d'une théière faite avec des branches de bambous coupées. — Petite tortue bronze ancien servant de compte-gouttes. — Brûle-parfum bronze ancien. Sur le couvercle chauve-souris et chien de Fô. — Compte-gouttes en bronze de forme quadrilatérale. Oiseau volant au-dessus d'une branche fleurie.

839. **Petite statuette** en bronze ancien à patine verte oxydée. Un philosophe tenant à la main un Makimono. — Brûle-parfum tripode, de forme sphérique à pans coupés. Couvercle ajouré, surmonté d'un chien de Fô. — Bronze japonais ancien. Suspension pour fleurs.

840. **Petit vase** en bronze à corps sphéroïdal surbaissé ; piédouche et col évasés ; accosté de deux anses formées par des dragons. — Petit chandelier de temple en bronze ancien, sur une base carrée ajourée et décorée d'une petite tortue. — Compte-gouttes en bronze ancien. Chien de Fô, gravure au burin. — Compte-gouttes en forme de courge avec un papillon. Bronze ancien.

841. **Petite théière** en bronze ancien à six pans avec anse et couvercle. Sur chaque face une divinité transportée dans les airs par une grue. — Brûle-parfum ancien en bronze, avec couvercle ajouré, surmonté d'un chien de Fô, la patte sur la boule précieuse. — Petit vase en bronze ciselé et doré ; sur chacune des quatre faces, des poissons dans les flots. Pied carré en bois de fer.

842. **Porte-bouquet** en bronze orné de trois personnages dans un paysage aux contours ajourés. — Petit compte-gouttes en bronze, forme de vase avec papillon sur le couvercle. — Porte-pinceau en vieux bronze du Japon. Un crapaud, un chien, deux serpents, deux tortues, un canard.

843. **Vase** vieux bronze, en forme de gobelet allongé, garni de deux anses reliées par une grecque et des flots. — Bouteille à col très allongé, sans ornement. Bronze ancien. — Petit brûle-parfum en vieux bronze, forme de boîte entourée d'une cordelière avec nœud sur le couvercle.

844. **Petit pied** en bronze forme support. — Bronze ancien damasquiné. Divinité chinoise. — Bronze ancien japonais. Grue sur tortue (flambeau démonté). — Compte-gouttes en bronze ancien. Hoteï sur son sac. *Signé :* NAKA O SÔ-TEI.

845. **Deux pièces** en bronze chinois ancien, forme balustre. Branches fleuries sur chaque face. — Porte-pinceau. Un crabe auprès d'une borne. — Petit écran en bronze finement ajouré.

846. **Quatre brûle-parfums** en bronze.

847. **Brûle-parfum** bronze japonais ancien, en forme de vasque oblongue supportée par quatre pieds d'éléphants. Couvercle orné de deux animaux fantastiques à longue queue. — Brûle-parfum tripode, forme marmite. Couvercle surmonté d'un chien de Fô. — Porte-pinceau en bronze ancien, en forme de vague.

848. **Brûle-parfum** en forme de canard dormant sur l'eau. Bronze. — Petit gong en forme de gourde. Bronze ancien. — Flambeau en bronze ancien. Grue avec une fleur de lotus.

849. **Compte-gouttes** en forme de boîte ronde. Sur le couvercle sont disposés en deux cercles les onze signes des cycles avec leur nom. Curieuse pièce. Diamètre $0^{m},075$. — Compte-gouttes en forme de bœuf couché. Bronze ancien, signé. — Vase en bronze jaune ancien, forme de bouteille à col très allongé et étroit.

850. **Brûle-parfum** en forme de chien de Fô. Bronze ancien. — Brûle-parfum tripode en bronze, forme de marmite à trois anses. Au-dessus de chaque pied un médaillon à fleurs gravées au burin. Couvercle ajouré. Jolie petite pièce. — Compte-gouttes en bronze ancien. Carpe dans une cascade. Cachet signature.

851. **Petit brûle-parfum** bronze ancien, forme marmite. Trois anses alternant avec trois pieds au-dessus desquels est un dragon. Sur le couvercle ajouré un chien de Fô couché — Compte-gouttes en bronze. Barque avec un pilote au gouvernail. Tête de chimère à la proue. — Compte-gouttes en bronze. Enfant tapant sur un tambour.

ÉMAUX CLOISONNÉS DE CHINE

852 **Émail** de Canton. Deux pièces : petite bouteille et plateau lobé à fleurs sur fond bleu (belle qualité, mais il y a un manque à la bouteille). Les deux pièces sont dépareillées.

853. **Coupe** en vieux cloisonné chinois, fond bleu ciel, dessins polychromes, avec armoiries et le caractère de longévité. Forme de fleur de nénuphar.

854. **Cinq cuillers** en émail cloisonné.

855. **Boite à thé** en émail cloisonné.

855 *bis*. **Petit cadre**, émail cloisonné.

Voir aussi le numéro 735.

MASQUES ANCIENS

856. **Masque** en bois sculpté et laqué. Grosse face riante avec traits fortement accentués, teint rouge.

857. — en bois. Figure de vieux.

858. **Masque** en bois sculpté et laqué, avec cheveux et barbe en crins blancs, lèvres rouges.

859. — de théâtre laqué noir. Diable à deux cornes.

860. — en bois sculpté et laqué, avec restes de peinture. Expression de jovialité.

861. — en bois, sculpté et laqué. Cheveux et barbe noirs, lèvres rouges et dents blanches. Teint bistre. Cachet au fer rouge.

862. — en bois peint. Diable cornu, yeux métallisés.

863. — en bois peint. Expression féroce. Diable avec barbe et moustache en crin.

864. — en bois sculpté, laqué rouge. Diable, yeux métallisés et jaunis. Marqué au fer rouge.

865. **Grand masque** ancien.

866. **Joli masque** en bois sculpté et laqué. Jeune fille, les dents noircies au bétel. Marque gravée.

867. **Masque** ancien en bois laqué noir, nez de travers. — Masque, tête de bébé, lèvres et dents noircies.

868. — en bois sculpté laqué, ton jaunâtre, yeux métallisés, lèvres rougies. — Masque en bois sculpté, dents noircies au bétel. Expression de souffrance.

869. — en bois sculpté, laqué. Expression de souffrance, grande maigreur, dents noircies au bétel. Cachet à l'encre d'or. — Masque, tête de bébé tirant la langue. Lèvres et dents rouges.

870. **Dix masques** anciens, qui seront vendus par deux.

ÉTOFFES

FOUKOUSA, CEINTURES, PORTIÈRES, ROBES, CARRÉS BRODÉS.

871. **Jolie portière** double en satin rouge de Chine, brodée en soie de couleur à fleurs et oiseaux avec bordures et lambrequin en satin bleu brodé.

872. **Six bandes** satin rouge à broderies bleues. Travail chinois.

873. **Foukousa** du Japon. Belle broderie en soies de couleurs et or sur satin bleu. Coq et poule avec ses poussins. Le coq perché sur un tambour tam-tam.

874. — en satin bleu brodé de deux faisans dorés sur branche d'épine fleurie émergeant d'un rocher d'où coule une chute d'eau ; rehauts en broderie d'or.

875. — en satin bleu brodé en soies de couleurs. Un vase rempli de fleurs ; marguerites, feuilles de ronces, graminées de diverses couleurs. Composition très élégante, rehauts d'or.

876. — **Barque et poisson,** fond satin bleu.

877. — **Concert** à sept personnages.

878. — **Le dieu** de la longévité et cinq enfants.

879. — **Combat** de chimères.

880. — **Les sept sages** dans la forêt de bambous.

881. — **Paysan** remplissant sa gourde à la cascade.

882. — **Ebisou** pêchant une dorade.

883. — **Deux personnages** dans la campagne.

884. — **Fleurs** en relief.

885. — **Boites** à fruits.

886. — Un **seigneur** en grand costume dans un jardin, au pied d'une chute d'eau, derrière lui un serviteur portant un parasol replié. Broderie ancienne.

887. — **Coq** et poule.

888. — **Temple** sur pilotis.

889. Trois **foukousas.**

890. **Broderie** sur soie. Oiseaux sur un cerisier en fleurs, dans un cadre incrusté du Tonkin.

891. **Étoffe** verte à broderies d'or et de soie, ceinture de femme.

892. Deux **étoffes** brodées, ceintures de femmes.

893. Huit **robes** chinoises et japonaises, brodées sur soie et satin.

894. Huit **manteaux** de cérémonie brodés.

Ces numéros seront divisés.

895. **Carré** satin rouge brodé.

896. **Lambrequin** satin rouge, brodé.

897. Huit **petits carrés** broderie chinoise.

898. **Plusieurs lots** d'étoffes diverses.

MEUBLES, VITRINES, ETC.

899. **Meuble étagère,** laque aventuriné, décor de papillons laqués or. Deux cases de grandeur inégale fermées chacune par des portes avec cuivres, les panneaux intérieurs des portes sont laqués noir. Décor : Ebisou avec sa dorade et Hotei, laqués or.

900. **Étagère** à trois places avec dessus de marbre blanc, en bois sculpté, style chinois.

901. **Belle lanterne** japonaise avec armoirie des Shô laquée d'or, et peintures très fines sur soie.

902. **Machine à vent** en bois laqué noir.

903. **Fauteuil** chinois en bois de fer à dos sculpté, ajouré.

904. **Bande** en bois doré, sculptée à jour, oiseaux dans le feuillage, longueur $0^{m},95$, hauteur $0^{m},11$ 1/2.

905. **Support** à pieds, avec planchette intermédiaire, de forme carrée, en bois de fer sculpté.

906. **Socle** en bois sculpté et doré à deux gradins. En dessous des personnages près d'un Torii.

907. — à gradins, orné d'incrustations grossières de nacre sur parties ajourées. Hauteur $0^{m},15$. — Socle à gradins du Tonkin, orné d'incrustations de nacre grossière sur parties ajourées.

908. **Porte-sabre** pliant en bois avec appliques de métal.

909. **Socle** tabouret du Tonkin, à quatre pieds, orné d'incrustations de nacre fine. Hauteur $0^{m},25$.

910. **Petit pied,** forme tabouret, en bois de fer avec marbre gris verdâtre.

911. **Pied** en bois de fer.

912. **Écran** en bois de fer avec plaque d'ivoire sculpté.

913. — en bois de fer avec plaque de jade sculpté.

914. **Vase** en bois sculpté sur pied en bois de fer.

915. **Belle vitrine** à deux vantaux en fer poli et glaces, avec tablettes de glace à l'intérieur, hauteur $2^{m},10$, largeur $1^{m},25$, profondeur $0^{m},39$.

916. Deux **vitrines** plates, fer poli et glaces, largeur $1^{m},02$, hauteur $0^{m},21$, profondeur $0^{m},58$.

917. **Vitrine applique,** fer poli et glaces, hauteur $0^{m},68$, profondeur $0^{m},20$, largeur $0^{m},55$.

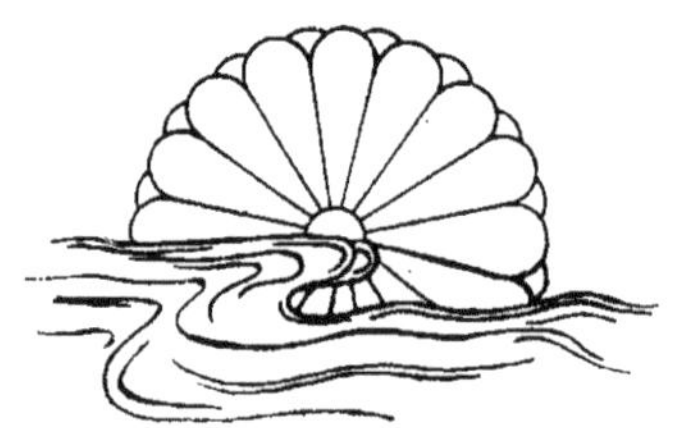

INSTRUMENTS DE MUSIQUE

918. **Koto,** harpe à 13 cordes en bois de pawlonia, la caisse ornée sur la face postérieure de feuillages en laque vert et de fleurs de chrysanthèmes épanouies, en laque d'or, et de plus petites fleurs avec une perle de corail rose au cœur.

919. — harpe à treize cordes, en bois de pawlonia impérial et palissandre, incrusté d'écaille et ivoire.

920. **Cloche** portant des caractères anciens, sur un support en bois laqué rouge et or, garni de cuivres ciselés.

921. **Tzouzoumi,** petit tambourin en forme de sablier qu'on frappe avec les doigts. Il figure dans les concerts de Geisha et dans les Nô.

922. **Shamisen** japonais ancien, avec caisse en bois laqué et une monture en argent pour retenir les trois cordes. Archet en crin blanc sur un bambou ancien. Plectre en écaille. Pièce curieuse.

923. **Petit shamisen** à trois cordes avec archet, même décor que le grand koto laqué (n° 918).

924. **Shô,** sorte d'orgue portative à dix-sept tuyaux de bambou, partiellement laqués. Ornement, deux oiseaux de Hô.

925. **Gekkin,** instrument chinois composé de quatre cordes accordées deux à deux et montées sur une caisse de bois ronde.

926. **Petit gong.** Bronze ancien. Une étoile au centre.

927. **Hautbois** japonais. — Instrument de musique à deux cordes sur bambou.

928. **Gong** sur son support.

929. Un **tambour** dans sa caisse.

930. **Cymbales**.

OBJETS DIVERS

931. Deux **poupées** japonaises, chairs laquées et vêtements d'étoffes. Un joueur de tsouzoumi. Un pêcheur à la ligne.

932. **Théière** creusée dans un morceau de bambou avec couvercle orné d'un crapaud.

933. **Petite boite** en bois à amulettes, avec applications : d'un côté une tête de mort et un crapaud ; de l'autre un bouton de lotus.

934. **Horloge** japonaise en bronze.

935. **Jeu de solitaire** chinois, avec fiches en os.

936. **Objets divers** non catalogués. Socles incrustés du Tonkin, éventails et écrans, quatre socles en laque, modernes, deux paires chaussures, deux socles bois de fer, boîtes, etc.

Ce numéro sera divisé.

937. Un **lot** de broderies bretonnes.

938. **Peaux éventails** anciens. Sept pièces, montures en ivoire et écaille. Chacun de ces éventails sera vendu séparément.

PEINTURES

MAKIMONOS ET KAKÉMONOS

Tosa Mitsou Souké (1675-1710).

939. *Makimono de l'école de Tosa* (xviie siècle), peint par Tosa Mitsou Souké, peintre de la cour impériale, fils de Tosa Mitsou Nari.

Suite de peintures à la gouache, sur papier jaune à semis d'or; sujets variés. Une scène populaire, dans le fond un grand chariot avec un bœuf dételé et couché à terre. — Un Daïmiyo en costume de cour devant les marches d'un temple. — Les plaisirs de la cour, dames jouant au gò, seigneurs faisant une collation. — Le Mikado, entrevu derrière une draperie, assiste à un concert exécuté par sept musiciens. — Deux Daïmiyos, en costumes à longues traînes se promènent dans la campagne. Au premier plan, un arbre dans les branches duquel on voit un coq.

Œuvre intéressante de cette école de Tosa qui a le mieux conservé les traditions des anciens maîtres japonais et qui, encouragée par les Mikados dont elle était l'école officielle, nous retrace les scènes de la vie aristocratique et seigneuriale, dans des peintures qui sont de véritables documents.

940. *Superbe makimono* contenant des fragments du Genzi-Monogatari. Texte en caractères hira-kana, orné de peintures de l'école de Tosa exécutées au xviie siècle par un Koughé (noble) de la cour du Mikado. Un rouleau recouvert en soie.

941. *Album de peintures japonaises* (école chinoise), représentant des divinités, des sennins et diverses scènes religieuses. Quarante-sept planches en un album in-4 cartonné.

942. *Kakémono* de l'école Oukyio-yé, représentant une jeune femme fermant son parapluie couvert de neige.

943. — Oie sauvage faisant sa toilette. Encre de Chine sur soie. Œuvre remarquable, signée.

944. — Grue blanche au bord d'un cours d'eau. Un martin-pêcheur prend son vol d'une branche de pivoine en fleur. — Aquarelle sur soie. École de Namping. Gracieuse composition.

945. — Grues au bord de l'eau.

946. — Coq et poule.

947. — Oiseaux sur un arbre en fleurs et couvert de neige.

ESTAMPES ET ALBUMS

ARTISTES DU XVIIe SIÈCLE

Korin (1660-1716).

948. Le passeur. Trois personnages de la cour dans une barque poussée par un vieux batelier. Estampe in-4.

949. — Un vol d'oies sauvages. Estampe oblongue.

Shokwado.

Célèbre peintre de l'école de Kano (xviie siècle), dont la manière large et toute d'impression eut une grande influence sur Kôrin.

950. Un rouge-gorge sur une branche fleurie.

Charmante estampe de ce maître rare.

Moronobou.

951. Les plaisirs de chaque saison. Recueil d'anciennes gravures en couleur d'après Moronobou, Soshin, Tchi-Harou, un vol. in-8. Explications manuscrites en français.

École de kano.

952. *Gwa-ko sen ran.* Les mystères du dessin, reproductions d'anciens dessins de l'école de Kano. 1 vol. gr. in-8, 1740.

A la suite des dessins se trouve un recueil très précieux des cachets des grands peintres de cette école avec leur lecture transcrite en français.

ÉCOLE OUKIYO É

Les Torii.

Tori-i kiyonobou.

953. Une jeune femme agitant deux parasols. Curieuse pièce à deux tons, rose et vert.

954. Un guerrier à cheval. Portrait d'acteur au masque terrible. Pièce en hauteur à deux tons rose et vert.

TORI-I KIYOMASSOU, commencement du XVIIIe siècle.

955. Les pêcheurs. Un paysage avec un cours d'eau formant cascade. Petits garçons pêchant à la ligne et à la nasse. Estampe étroite en hauteur.

956. La pluie. Une rue, avec une dizaine de personnages s'abritant sous des parapluies. Estampe étroite en forme d'éventail. Pièce curieuse et fort rare.

957. Un acteur en costume guerrier, la tête couverte d'un grand chapeau de paille, rehauts d'aquarelle et de noir laqué.

TORI-I KIYOMITSOU, fils de Kiyomassou, vers le milieu du XVIIIe siècle.

958. Un komoso. Acteur en femme, debout la tête couverte du grand chapeau traditionnel, une flûte sous le bras. Estampe en hauteur.

Cette pièce remarquable par le dessin et par le sentiment, mérite aussi d'être notée pour son beau tirage et son curieux coloris.

959. Une jeune femme écrivant. Elle est assise sur un banc, au milieu d'un jardin. Pièce élégante à deux tons, rose et vert.

TORI-I KIYOHIRO (fin du XVIIIe siècle).

960. Un enfant, tenant un cerf-volant, près d'une femme en robe rose décorée de plantes marines. Belle pièce à deux tons, rose et vert, sur fond gris.

TORI-I KIYOTSOUNÉ, fin du XVIIIe siècle.

961. *Dô-zi ga Matsou*. Histoire d'un enfant nommé Marou-ko. Un volume in-12, gravures en noir de Tori-i KIYOTSOUNÉ.

Le volume est intéressant. On y voit une scène de hara kiri. Un homme s'ouvre le ventre. Son frère se tient derrière lui, le sabre nu, prêt à lui faire voler la tête; sa sœur se voile le visage. L'âme s'envole comme un léger nuage.

TORI-I KIYOMINÉ.

962. Une femme avec un panier de verdure sur la tête, cause avec un jeune homme accroupi, portant des pousses de sapin dans un panier. Jolie composition à tonalités roses.

Okoumoura Toshinobou, commencement du XVIIIe siècle.

963. Un guerrier gigantesque monté sur un cheval noir qui bondit au milieu des flots, tient d'un bras, au-dessus de sa tête, un guerrier ennemi qu'il lance à la mer. Estampe étroite en hauteur à tons laqués.

Les Kitao.

Kitao Shighémasa (1739-1819).

964. Un grand bateau, entouré de barques, descend le courant d'un fleuve, poussé par de vigoureux bateliers. Dans le fond, la berge verdoyante sur laquelle on distingue de nombreux promeneurs et un escalier conduisant à un temple. Grande estampe oblongue en largeur. *Signée :* Kosuisaï.

Œuvre intéressante d'un des premiers artistes qui ait su rendre les scènes populaires, grouper les personnages, exprimer leurs sensations, composer en un mot de petits tableaux de la vie réelle.

Kitao Massayoshi (mort en 1824).

965. Un porteur dépose son fardeau sous un arbre et s'éponge. Estampe oblongue à tons légers.

Soukénobou.

966. *Tchomi-gousa.* Recueil de poésies illustrées et de gravures en noir, représentant d'élégantes jeunes femmes qui se livrent à diverses occupations, 2 vol. in-4, cart., 1738.

Œuvre charmante de Soukenobou, signée Bumkwado, un de ses noms de pinceau.

Souzouki Harounobou (vers 1770).

967. Les moustiques. Une jeune femme agite son éventail pour chasser des moustiques volant au-dessus de sa tête. Près d'elle un homme assis sur un banc. Terrain gris près d'une rivière avec des roseaux.

Précieuse épreuve de premier tirage à tons finement lavés dans la gamme des roses.

968. L'averse. Un jeune prince suivi d'une femme qui tient au-dessus de sa tête un large parapluie. Planche à tons délicats rose et mauve pâle, qui font ressortir le jaune clair du sol et le jaune vif du parapluie.

969. La leçon de flûte. Élégante estampe en hauteur, d'une tonalité douce et d'un gracieux dessin.

Une jeune femme s'appuyant sur une main, dans un mouvement de nonchalant abandon, porte à la bouche une flûte que lui présente un jeune homme assis auprès d'elle. Tout le fond est lavé à deux tons, jaune verdâtre et gris rosé. Très beau tirage.

970. Jeune fille taillant des arbustes. Elle est accroupie devant une petite table couverte de neige et supportant trois vases avec des arbustes décoratifs. Au second plan la paroi d'une maison et les branches d'un sapin alourdies par la neige; fond gris donnant bien l'impression d'un ciel d'hiver aux tons blafards et lourds au-dessus du sol blanchi. Belle estampe carrée.

971. Un petit garçon tout nu gambade et tire sa mère par son vêtement, la montrant elle-même dans une nudité presque complète. Très belle estampe, format kakémono. Pièce aussi précieuse par son exécution que par sa rareté.

972. Une jeune femme soulevant un store, vient exposer à la pluie une branche de pivoines. Charmante pièce en excellent tirage.

973. La chasse aux lucioles. Une femme en élégant costume éclaire avec une lanterne une servante qui cherche les lucioles parmi les fleurs. Scène de nuit sur un fond noir.

974. La terrasse. Une jeune femme puisant de l'eau dans un vase; une autre cousant une robe. Tirage primitif à tons de vieux cuir rehaussé d'oxydations métalliques.

975. Joueuse de shamisen; près d'elle un homme couché. Dans le fond une galerie donnant sur un jardin.

976. La coiffure. Une mère arrangeant les cheveux d'un enfant qui joue avec des chrysanthèmes. Au second plan, une cloison à dessins géométriques et une galerie décorée d'arbustes. Élégante pièce de format carré.

977. La barque. Deux jeunes femmes dans une barque; l'une se penche pour couper des nénuphars. Curieuse estampe d'essai, au trait noir.

978. Une courtisane suivie de ses deux servantes est abritée contre la neige tombant à gros flocons par un large parasol que porte au-dessus de sa tête un serviteur. — Une jeune femme coupant des plantes au bord d'un torrent. — Une marchande d'éventails.

Tori-i Kiyonaga.

(l'un des plus grands artistes du Japon, brilla de 1765 à 1780).

979. Diptyque. Danseur dans une maison de thé. Composition charmante et animée. Très bon tirage ancien de cette pièce rare.

980. Une jeune femme, les jambes nues, vient au-devant d'une petite fille qui semble lui rendre compte d'un message. A travers une baie on voit l'intérieur d'un appartement. Précieuse épreuve d'ancien tirage.

981. La déclaration. Un homme, en robe grise, à surtout noir, se penche vers une jeune femme assise sur un lit près d'une fenêtre. Une autre femme s'éloigne en jetant un coup d'œil en arrière et en se cachant le bas du visage.

982. La volière. Curieuse et rare estampe de format carré. Deux jeunes femmes examinant, à travers un grillage, des canards mandarins.

983. Une jeune femme, nonchalamment étendue dans une barque, fume le kiserou, la pipe au foyer microscopique que l'on voit si souvent entre les mains des Japonaises. Au-dessus d'elle une autre femme assise. Dans le fond, un rivage couvert d'arbres.

984. Scène à trois personnages. Un homme assis sur un banc entre une jeune femme debout et un enfant accroupi. Le groupe se détache sur un terrain jaune en monticule ; des arbres en fleurs forment le fond.

A noter la transparence du surtout noir de l'homme à travers duquel on distingue son vêtement gris à pois.

985. Une jeune fille se jette aux genoux de sa sœur devenue courtisane, la priant de revenir à la maison paternelle. Une autre femme regarde cette scène. Par une large baie, vue sur la campagne.

986. Même sujet. Très belle estampe carrée, à trois personnages.

987. La scène de l'espion du drame des Ronins. Belle composition à trois personnages ; dans le fond, d'importants détails d'architecture. Estampe en hauteur.

988. La glace. Une jeune femme, dont les ghéta glissent sur le sol glacé, est aidée dans sa marche par un homme qui lui tient le bras. Une autre femme les éclaire avec sa lanterne. Format carré.

Agréable composition. On remarquera avec quelle habileté l'artiste a rendu la démarche trébuchante de la femme qui, dans son trouble, laisse voir à nu une de ses jambes.

989. Le bac. Trois femmes et un montreur de singe, assis dans une longue barque. Au second plan, la rivière et un joli paysage. Pièce de grand format, en bon tirage ancien.

990. Le coucher. Un homme et une femme, vus à travers la transparence verte d'un store, font les préparatifs de leur coucher. Contre la cloison mobile une autre femme à demi dévêtue prend congé d'une voisine. Pièce intéressante.

991. Deux jeunes femmes et deux enfants près d'un pont. — Deux femmes dans la campagne.

Estampes anciennes.

Shountsho (fin du XVIIIe siècle).

992. Le puits. Scène à trois personnages, en tirage noir et gris sur fond rose.

Pièce de format carré, rappelant le meilleur style de Kiyonaga. Elle est d'un dessin admirable et d'un tirage excellent.

993. Scène dans la campagne : un jeune homme et deux femmes. Pièce carrée.

Hanabousa itcho (le grand caricaturiste du XVIIIe siècle).

994. Trois personnages sur une barque, au milieu de laquelle est plantée une branche de pin. A l'avant est assis un seigneur à la pose prétentieuse et à la mine arrogante, à l'arrière, le batelier ; au milieu un personnage grotesque fumant sa pipette en tapant sur un tambourin.

Pièce curieuse.

Toyoharou, fin du XVIIIe siècle.

995. Une fête de nuit à Yedo. Au milieu de la composition, la Soumida chargée de barques, illuminées de grosses lanternes jaunes ; de chaque côté, les rives pleines de monde ; dans le fond, le grand pont peint en rouge, se détache sur le noir du ciel, pointillé d'étoiles, et éclairé par l'embrasement d'un feu d'artifice.

Très belle estampe de format oblong, encadrée sous verre.

Toyohiro (élève de Toyoharou, mort en 1828).

996. Deux planches représentant sept jeunes femmes près d'un puits ; trois d'entre elles tirent la corde, tandis que deux autres reçoivent le baquet plein d'eau ; une sixième, un éventail à la main, les encourage du geste, tandis que la septième s'éloigne en portant un plat de poissons. Rare et belle composition.

997. Le marchand de poissons et la jolie cliente. Beau Sourimono à gaufrures.

998. Une jeune femme et un moine.

Estampe oblongue avec fond de paysage.

— Une jeune femme et un prince.

Estampe oblongue avec fond de paysage.

KORIOUSAI.

999. Le gué. Une jeune femme à cheval s'arrête au milieu d'un gué pour allumer sa pipette à celle de son compagnon, un jeune et joli garçon. La dame porte une belle robe rose à décor de neige.

Gracieuse composition en bon tirage ancien.

1000. Scène de la maison verte, à six personnages dont quatre accroupis ou couchés autour du groupe principal; un jeune homme versant du saké dans la coupe d'une jeune femme qui, de la main droite, se cache à demi la figure. Les autres regardent curieusement.

Belle estampe en largeur où domine un ton rouge feu.

1001. Scènes érotiques.

Deux estampes de petit format carré, peu communes.

SHOUNSEN, élève de Shouniyei.

1002. La neige. Deux acteurs et une femme, abrités sous de grands parapluies, s'avancent lentement sur une route neigeuse au bord d'une rivière. Sur la rive opposée on aperçoit des maisons, un pont et des arbres.

Estampe oblongue, d'un effet intense.

IPPITSOU SAI BOUNTSCHO.

1003. Scène à trois personnages, un homme, une femme et un enfant.

Pièce carrée rare.

Les Katsoukawa.

KATSOUKAWA SHOUNSHO, fin du XVIIIe siècle.

Fondateur de l'atelier des Katsoukawa.

1004. Danseuse de Nô, en costume mauve disparaissant sous un large surtout d'un brun rouge au ton puissant et décoré de grandes armoiries qui se détachent en blanc.

Estampe oblongue en hauteur.

1005. Scène de roman. Un jeune daïmio caché dans les roseaux près d'une jeune femme. Ancien tirage.

1006. La lutte. Deux lutteurs énormes sont aux prises sur la plate-forme, au milieu de l'arène bondée de spectateurs.

Estampe de grand format carré en tirage ancien.

1007. Scène de théâtre à deux personnages. Composition de grand caractère et d'un bon tirage ancien. — *Scène d'enchantement*. Une femme, les cheveux épars, près d'un bassin d'où l'eau jaillit en bouillonnant. Ancien tirage.

SHOUNYEI.

1008. Trois Ronins. Estampe oblongue d'un style énergique.

Triptyque superbe et fort rare. Encadré sous verre.

1009. Écran. Un cheval effrayé par une pieuvre qui l'enlace de ses tentacules, se cabre, à la grande terreur de son cavalier, un aveugle qui se cramponne à son cou. Un homme pendu à la bride ne parvient pas à maîtriser l'animal.

Estampe curieuse, de forme cintrée.

SHOUNKO.

1010. Une arène de lutteurs. Les athlètes, au moment d'en venir aux mains, attendent le signal du juge. Grande planche, spécimen rare de ce maître original, chairs modelées en plein ; beau tirage.

SHOUNZAN.

1011. Intérieur seigneurial. Près d'un *tsouitate* à encadrement rose, trois personnages : une jeune femme debout, un jeune prince accroupi et une suivante présentant un miroir ; à travers une ouverture on voit une autre pièce avec d'autres personnages. Belle épreuve de premier tirage, composition élégante.

SHOUNJO.

1012. Un porteur de Kago, couvert d'une blouse à carreaux rouges et jaunes, terrain jaune. Estampe en hauteur.

SHOUNTEN.

1013. Un personnage abrité sous un grand parasol s'arrête sur le bord d'un ruisseau devant trois grenouilles. Curieuse estampe oblongue dans la gamme des verts. Rare.

Ono no Dofou, calligraphe fameux, se promenait par un temps de pluie ; il vit dans un ruisseau une grenouille qui, en sautant, s'efforçait d'atteindre une branche de saule tombant dans la direction de ce ruisseau, mais assez haute cependant pour que la grenouille ne pût y atteindre. Après de nombreux et d'inutiles efforts, la bestiole réussit enfin à se cramponner là où elle voulait. Ono no Dofou comprit alors que la persévérance venait à bout de tout ; il se mit à étudier la calligraphie avec ardeur et réussit enfin à devenir un maître dans cet art si compliqué.

Shounman.

1014. Deux personnages de la Cour sur une terrasse au-dessus d'un cours d'eau. Beau Sourimono carré à reliefs et rehauts d'or sur fond blanc. Style de Tosa.

Yeishi.

Élève de Shounsho et de Kiyonaga, émule d'Outamaro dont il égale souvent la grâce et l'élégance dans ses compositions de scènes féminines. Coloriste charmant et original.

1015. Triptyque. Promenade, un beau jour d'été ; au premier plan dix jeunes femmes accompagnées d'enfants ; au deuxième plan une large avenue avec de nombreux personnages et, dans le fond, des maisons et des arbres. Les riches costumes roses et noirs, verts et mauves, se détachent en vigueur sur le ciel jaune. Beau tirage.

1016. Diptyque. Deux bateleurs amusent les passants. Une jeune femme derrière un treillis les regarde. Belle pièce.

1017. La barque. Près d'une longue barque au bord de la mer sont groupés quatre personnages : un pêcheur, une femme fumant sa pipette ; une autre fort jolie dans un élégant costume à rayures et à ceinture rose offrant une coupe de saké à une amie qui s'éloigne.

Charmante composition, d'un coloris harmonieux et d'un beau tirage. Le dessin de la femme debout, ses draperies flottantes, sa démarche légère, tout cela est exquis comme certaines figures des Primitifs de la Renaissance italienne.

1018. Une dame se lavant les mains sur une terrasse ; près d'elle un personnage en costume noble.

1019. Poétesse en riche costume, la chevelure dénouée et la tête décorée de fleurs. Un chat joue avec les cordons de sa robe. (Sous verre.)

1020. Deux courtisanes en promenade, accostées par un homme dont la tête est couverte d'une capeline noire. Pièce de grand format d'un superbe dessin avec quelques rehauts de gris, de mauve et de noir laqué.

1021. L'araignée. Une noble dame, en costume rose décoré de feuilles vertes, regarde une araignée tissant sa toile. Pièce sur fond blanc.

KIKOUGAWA YEIZAN.

1022. L'averse. Cinq personnages hommes et femmes, surpris par la pluie, relèvent leurs vêtements sur leurs têtes, sans souci de leurs jambes nues, et se précipitent vers un abri. Estampe oblongue.

SHARAKOU. Fin du XVIIIe siècle.

1023. Un acteur de drame, vu en pied ; il tire son épée dont le manche est surmonté d'une croix dans une auréole. Admirable pièce d'un dessin vigoureux et sommaire. Estampe étroite en hauteur. Pièce fort rare de ce maître si puissant et si original.

TORIYAMA SEKIYEN. Fin du XVIIIe siècle.

Elève des Kano et surtout célèbre comme maître d'Outamaro.

1024. Deux femmes travaillant à un piloir, près d'elles un enfant donne à manger à des poules. Estampe oblongue.

KITAGAWA OUTAMARO (1754-1797).

Élève de Toriyama Sekiyen et de Kiyonaga. Un des maîtres les plus féconds et les plus séduisants de l'art japonais à la fin du XVIIIe siècle.

1025. Une nuit au Yoshiwara, avec le portrait d'Outamaro.

Composition de deux feuilles. Pièce excessivement rare ainsi décrite par de Goncourt : « Dans la nuit d'un jardin du Yoshiwara, un homme au milieu de « courtisanes, rend une tasse de saké vide à une femme penchée au-dessus de « lui. Et sur le pilastre au pied duquel l'homme est assis est gravé : « Sur une « demande, Outamaro peint lui-même son élégant visage. »

1026. La toilette de Yama-Ouwa. Elle est assise, le buste nu, découvrant deux seins énormes, tandis que Kintoki, derrière elle sur un tronc d'arbre, peigne son épaisse chevelure noire. Estampe en hauteur, très rare.

L'enfant rouge se livre à son travail de coiffure avec une attention curieusement observée et parfaitement rendue. Il a déposé dans un coin sa terrible hache. Cette pièce fameuse est une des plus célèbres dans les œuvres d'Outamaro.

1027. L'ondée. Deux personnages, un homme et une femme, les jambes nues, marchent sous la pluie qui les fouette. Superbe estampe en hauteur, mesurant $0^m,51$ de hauteur sur $0^m,23$ de largeur.

L'homme, vêtu d'une blouse bleue, a jeté sur sa tête un voile dont il retient un coin entre ses dents. La femme, les seins nus, est vêtue d'une robe noire à dessins blancs, avec une large ceinture rose. Pièce d'un tirage fort remarquable. Les personnages, d'un magnifique dessin, se détachent harmonieusement sur un fond gris à teintes dégradées, rayé par la pluie.

1028. *Yama-Ouwa* faisant la toilette de Kintoki. L'enfant rouge se regarde dans un miroir qu'un ours porte sur son dos. Estampe en hauteur. Pièce rare.

1029. La moustiquaire. Deux femmes en buste, dont l'une est vue en transparence derrière la moustiquaire verte. Estampe en hauteur, tirage ancien.

1030. Les amoureux. Un homme debout, en long peignoir à rayures, s'approche d'une femme accroupie dont il caresse les seins. Estampe en hauteur.

1031. Jeune mère allaitant son enfant, pendant qu'un autre enfant lui grimpe sur le dos. Gracieuse composition. Estampe en hauteur.

1032. Les occupations journalières de la vie des femmes au Japon. Précieuse série de huit planches charmantes, montées sur papier fort et réunies en un album in-4, cart.

M. de Goncourt cite cette suite de planches parmi les plus rares d'Outamaro. Chaque estampe est à deux personnages en pied, soit deux femmes, soit une femme et un enfant, l'exemplaire est d'un beau tirage à tons élégants.

1033. Triptyque. Une princesse descendue de son chariot impérial, tendant une bande de papier couverte d'une poésie à un jeune homme agenouillé à quelques pas d'elle. Cette poésie serait une déclaration, et dans sa timidité le jeune homme a comme un évanouissement d'amour dont la défaillance est soutenue par une femme de la princesse penchée sur l'adolescent. (Edm. de Goncourt, Outamaro).

Ce triptyque est une des plus gracieuses compositions d'Outamaro.

1034. Deux jeunes femmes dont l'une tient un serpent composé de pièces de bois articulées.

Belle planche sur fond à reflet d'argent. Pièce rare.

1035. Jeune femme en buste, à cheveux tombants comme ceux d'une sorte de Madone japonaise.

Précieux tirage à tons passés.

1036. Les Guéshas. Charmant triptyque comprenant trois feuilles représentant chacune deux Guéshas aux élégants costumes, aux gracieuses coiffures; dans le fond, le Foudji.

Bel exemplaire de cette suite qui est fort rare.

1037. Le coucher. Une courtisane présente un vêtement noir à un homme vu en transparence, derrière une moustiquaire verte.

Belle pièce témoignant de l'habileté des imprimeurs japonais.

1038. La scène de l'espion dans la parodie des Ronins.

1039. Deux femmes sur une terrasse; l'une joue du shamisen.

1040. Scène de maison verte. Femmes auprès d'un vase de fleurs.

1041. L'averse. Quatre personnages surpris par une ondée se mettent à l'abri tant bien que mal sous un arbre. Pièce en hauteur.

1042. Combat entre un cavalier et un guerrier désarçonné.

Estampe de format carré, sur fond jaune. Pièce à la manière de Kouniyoshi, d'un style fort rare dans l'œuvre d'Outamaro.

1043. La barque. Une femme lavant sa coupe à saké dans la Soumida et au-dessus d'elle, deux femmes accoudées. Dans le fond, d'autres barques décorées de lanternes rouges. Quatre femmes dans une barque de fête.

1044. Jeune femme en costume rose arrangeant des iris dans un vase; au fond une rivière et à l'horizon le Foudji.

1045. Une jeune femme accroupie; derrière elle, de l'autre côté de la cloison en papier, se profile l'ombre d'une femme tenant à la main une coupe à saké.

1046. La barque. Huit femmes élégantes et un jeune homme dans un grand bateau de plaisance dont la proue est faite d'un gigantesque Hô sculpté et colorié.

M. de Goncourt observe que les personnages représentent par divers symboles les dieux du bonheur.

1047. Jeune femme, le sein nu, écrivant sur un makimono. Estampe pailletée de mica. — Une femme assise près d'une pile de livres.

1048. Une courtisane accroupie, son shamisen à la main. — Une terrasse avec deux femmes en costumes à curieux décors. Derrière le treillis jaune qui forme le fond on distingue la silhouette d'un troisième personnage. — Courtisanes. Estampe en hauteur. — Courtisanes et guéshas. Estampe en hauteur.

1049. Jeunes femmes portant des fagots sur la tête, fond jaune. — Des Guéshas avec des lanternes, fond jaune. — Trois femmes en buste sur fond jaune. — La pêche à la ligne. Deux femmes et un enfant dans une barque. — La promenade. Deux femmes et un enfant dans la campagne. — Jeunes femmes. — L'ivresse. Une jeune femme tenant à la main une coupe à saké. Curieuse estampe de petit format. — Une branche de chrysanthèmes. — Un oiseau dans un vase à fleurs.

Shiko, élève d'Outamaro.

1050. Rendez-vous d'amoureux. Estampe oblongue. Sur le fond, des poésies.

Pièce rare.

École d'Outamaro.

1051. Jeux d'enfants. Trois estampes de petit format. Pièces très rares.

Semman.

1052. Jeune femme debout, tenant des iris de la main gauche. Tirage ancien.

Les Outagawa.

Toyokouni (1769-1827).

1053. Les lutteurs. Triptyque intéressant et rare, représentant un des spectacles favoris du public japonais.

Les Soumos ou lutteurs forment au Japon une caste à part. Exerçant la profession de père en fils, soumis à un entraînement spécial, ils arrivent à un développement physique extraordinaire. Leurs représentations se donnent sur une estrade circulaire où les juges sont placés et qui s'élève au centre d'une vaste enceinte garnie de gradins pour les spectateurs. La lutte est annoncée par un crieur qui frappe sur un tambour du haut d'une tour faite de bambous.

1054. Une représentation théâtrale. Intérieur d'un théâtre, un jour de grand succès. Dans le panneau central, une scène de comédie jouée par quatre acteurs; à droite, l'orchestre et l'homme aux planchettes qui, dans les moments pathétiques, exécute sur le parquet des roulements et des trémolos à l'aide de deux morceaux de bois. Tout autour, les spectateurs dans les petits compartiments du parterre, les dames dans les loges, et à gauche un groupe de gens du peuple paraissant prendre grand intérêt à la représentation.

Ce triptyque très curieux en dit plus sur le théâtre japonais qu'une longue description.

1055. Trois jeunes femmes dans un intérieur artistiquement décoré. Celle du milieu, debout, porte une coupe de saké.

Cette planche est de la plus élégante manière de Toyokouni. Elle rappelle le beau style de Kiyonaga dans ses meilleures œuvres; le grand artiste s'y montre aussi habile coloriste que parfait dessinateur.

1056. Scènes de théâtre et portraits d'acteurs. Album de 153 planches de grand format.

1056 *bis*. Musiciennes jouant de divers instruments. Beau triptyque.

1057. Réunion de jeunes femmes, dont l'une vient de déposer sa pipette et s'assoupit dans une pose pleine de nonchalance plongée dans un rêve où elle voit un bateau chargé d'acteurs costumés en dieux du Bonheur.

Toyokouni, Kounisada, Kouniyoshi.

1058. Les acteurs à la ville et au théâtre. Portraits, costumes et scènes. Intéressant album de 177 planches.

1058 *bis*. Album de 72 planches. Acteurs et scènes de théâtre.

1059. Album de 72 feuilles; affiches de théâtre; scènes de drame et de comédie; costumes d'acteurs, etc.

1060. Les Ronins. Estampe rare et d'un aspect particulier, tirée en grisaille.

Des conjurés grimpent à l'aide d'une échelle de corde dans le palais de Kira. D'autres veillent dans la rue. La lune, au milieu d'un ciel blafard coupé de nuages neigeux, éclaire cette scène. On remarquera que Kouniyoshi a essayé de rendre ici les ombres portées avec une curieuse recherche.

1061. Le coup de vent. Un marchand de parapluies courant après sa marchandise qui se retourne et s'envole, poussée par la rafale. Amusante pièce en hauteur.

1062. La neige. Intéressant triptyque en format carré; jeunes femmes et enfants jouant dans la neige; dans le fond un paysage et des arbres couverts de neige, à l'horizon le soleil couchant.

Yoshi-tsui, élève de Kouniyoshi.

1063. Les quarante-sept cœurs fidèles d'Assano, au milieu du combat. Album petit in-4 de 48 planches en couleur.

Ce recueil, dit M. Burty, montre les statues des quarante-sept Ronins, habillés en grandeur naturelle à l'occasion d'une Matsouri (fête shintoïste, célébrée par toutes les classes de la population) aux frais des habitants, des corporations, des maisons de commerce d'un quartier. Très curieux et très caractéristique.

Kounitada.

1064. *Soumô Kongô den.* Histoires de lutteurs, illustrées par Kounitada et Kounimarou, élèves de Kounisada, 1850, 2 part. en 1 vol. in-8, cart. gravures noires.

Les lutteurs sont très aimés au Japon et la considération dont ils jouissent est prouvée par ce droit qui leur fut reconnu de porter un sabre, alors que ce privilège était réservé à la noblesse.

Kokan.

1065. *Yé hon yoyoshi monokourabé.* Dessins de comparaison. 1793, 3 vol. in-8, gravures en noir. Explications manuscrites très complètes en français.

Gravures curieuses, accompagnées de poésies philosophiques et morales.

Hokusaï (1760-1849).

Considéré par les Européens comme le plus grand peintre du Japon.

1066. *Ye hon Sumida gawa riogan itiran.* Les vues des bords de la Soumida. 1804, 3 vol. in-8 gravures en couleur tirage ancien.

C'est la description des plus belles vues des deux rives de la fameuse rivière de Yedo, la Soumida si souvent chantée par les poètes et représentée par les peintres.

1067. Le grand bateau. Six personnages, assis dans un long bateau poussé par un rameur. Une des premières œuvres d'Hokusai. *Signé:* Sôri.

1068. Le bac. Une foule de gens, des bagages, un cheval dans un long bateau que pousse le passeur, un vigoureux gaillard courbé sur son aviron. Estampe oblongue.

1069. Les beautés de la route de Tokaïdo. Environ 70 planches en couleur, 3 vol. in-8; couverture en soie.

1070. La danse noble. Grande estampe oblongue, de $0^{m},52$ de long.

Une guésha, exécutant la danse de Schidzouka, occupe le milieu de la composition. A gauche, trois seigneurs, vus de dos, assistent au spectacle ; à droite, l'orchestre composé de quatre femmes accroupies sur un tapis rouge et jouant de divers instruments. Dans le fond, la transparence des parois en papier laisse voir l'ombre de trois femmes et, à côté, par l'ouverture d'une large baie, on aperçoit une terrasse dominant un riant paysage. Pièce fort rare, d'un bon tirage et en excellent état.

1071. Une guésha en superbe costume noir, lamé d'argent et rehaussé de tons écarlates, chante en s'accompagnant sur son shamisen. Beau et rare sourimono. *Signé :* TAÏTO.

Sous verre.

1072. Les vues du Tokaïdo. Recueil factice de 67 planches en couleurs, montées deux à deux dans un encadrement en un album in-4, couv. en soie.

Très précieuse série à deux tons, rose et gris très fins ; elle se rencontre rarement en aussi belle condition.

1073. Le grand tonneau. Une des trente-six vues du Tokaïdo.

1074. Les pêcheuses de coquillages. Deux femmes et deux enfants sur le bord de la mer. Beau sourimono carré ; tirage soigné, avec gaufrures et rehauts métalliques. *Signé :* TAÏTO.

1075. Trois jeunes femmes et un enfant jouant avec un chien sous un arbre en fleurs.

Estampe oblongue de la première jeunesse d'Hokusaï et vraisemblablement du temps où il signait encore Tokitaro. Pièce de toute rareté.

1076. La poëtesse Komati sur le bord de la mer et, devant elle. un guerrier emportant dans ses bras un jeune enfant. Sourimono d'un admirable tirage à rehauts d'argent. *Signé :* TAÏTO. — Duo de flûte et de koto entre une jeune dame de la cour et un noble personnage, fond de verdure. Beau sourimono à rehauts d'argent. *Signé :* MEÏCHI.

1077. Fête de nuit sur la rivière. Des hommes et un enfant dans un grand bateau décoré de lanternes rouges ; au second plan, d'autres barques. Estampe en largeur, tirage ancien. Rare.

1078. Les bords de la Soumida. Trois pièces.

1079. Le feu d'artifice. Des femmes sur le bord de la Soumida regardent une fusée qui éclate dans la nuit, au fond des ponts, des barques et tout un paysage en silhouette. Estampe oblongue.

1080. La partie de campagne. Trois jeunes femmes ; l'une lisant, l'autre jouant du shamisen, la troisième portant des fleurs; plus loin deux serviteurs. Au second plan, une treille de glycines et le cours sinueux d'un torrent. Belle estampe ancienne en largeur.

1081. Un long serpent s'échappant d'une boîte. Estampe carrée tirée en sourimono.

1082. Des personnages de la cour, réunis sur une terrasse, examinent curieusement divers objets que leur présente un vieux bonhomme à bésicles. Au second plan, on voit les dépendances du palais et deux hommes qui apportent en courant des branches d'arbres.

Pièce en grand format oblong.

1083. Trois femmes travaillant à leur métier. Sourimono d'un excellent tirage. *Signé :* TAMEÏCHI.

De la série à la coquille, dont chaque pièce porte un petit éventail avec la signature et un coquillage.

1084. Un corbeau noir emportant un long sabre avec fourreau rose.

1085. *Sessen-Hinagata.* Modèles de peigne d'après la dernière mode, 1823 (tome II), in-12 oblong cart., figures noires. Bon tirage ancien.

HIROSHIGHÉ, 1797-1858, le grand paysagiste.

1086. Les vues de Tokaido. Cinquante-cinq planches en couleurs, de format oblong en deux volumes petit in-4. Tirage ancien en bon état.

1087. Triptyque. Beau paysage avec une rivière et des collines couvertes d'arbres en fleurs. Au premier plan une terrasse sur laquelle deux femmes, une longue-vue à la main. Beau tirage ancien.

1088. Les quarante-sept Ronins. La traversée du pont par les conjurés. Curieux effet de nuit. Format oblong.

1089. — L'arrivée devant le palais de Kira. Format oblong.

1090. — Les préparatifs de l'assaut avec un superbe effet de neige et le groupe des Ronins, d'une vérité d'expressions et d'attitudes qui font de cette composition une œuvre particulièrement intéressante. Format oblong.

Pièce très remarquable, ainsi que les deux précédentes.

1091. Vue du lac Biwa, encadré de montagnes couvertes de neige. Belle pièce en grand format oblong.

1092. Des saules au bord d'une rivière. Leurs branches échevelées s'agitent sur le disque blanc de la lune dans un ciel tourmenté.

Pièce intéressante, en tirage ancien.

1093. Le feu d'artifice sur la Soumida.

Belle planche de format oblong. Tirage ancien.

1094. Les porteurs sur un pont.

Belle planche de format oblong, tirage ancien.

1095. Kiôto à la fin de l'été. Une société joyeuse est attablée sur une terrasse au bord du Yodogawa. Des centaines de plates-formes ont été élevées sur pilotis dans le lit desséché de la rivière, des guinguettes flamboient sous les illuminations de leurs lanternes rouges et tout le populaire de Kiôto est réuni là, chantant, riant et buvant tandis qu'au fond de la composition le Foudji, à demi caché derrière de longs nuages noirs, estompe dans la brume crépusculaire sa pyramide majestueuse.

1096. Deux femmes dans une longue barque, sous les pilotis d'un pont.

Estampe oblongue.

1097. La campagne sous la neige. Curieuse planche oblongue à deux tons, noir et gris.

1098. Les beautés de la route du Tokaido. Trois planches.

1099. Une rivière. Paysage de printemps. — Paysage d'hiver couvert de neige. Très belles pièces en tirage ancien.

1100. Pêcheurs de coquilles. — Une large rue pleine de monde. — Un portique de temple. — Une colline couverte de sapins. Quatre pièces.

Haségawa Settan et Baitsou.

1101. *Yédo meisho dzu-yé.* Description des endroits remarquables de Yédo et de ses environs, les fêtes locales, les cérémonies du jour de l'an, les temples et monuments, les théâtres, etc ; 1836, 20 volumes in-8, illustrés de plus de 700 gravures en noir par Haségawa Settan pour les scènes et personnages et de Baitsou pour les paysages.

Le Yédo Meisho, dit M. Duret, est le plus parfait des ouvrages de son genre ; le style en est libre et mouvementé, les paysages, au vaste horizon, nous reproduisent les sites remarquables des environs de Yedo. Settan nous promène à travers les rues de la capitale, remplies d'une infinité de personnages vaquant à leurs affaires, achetant dans les boutiques, mangeant et buvant dans les restaurants, se divertissant aux fêtes et aux spectacles.

1102. *Tôto sai ziki*. Les fêtes à Yédo, pendant toute l'année. 1838, 5 vol. in-8, gravures en noir, d'un tirage très fin.

Description générale de Yédo, des mœurs, de tout ce qui se passe dans cette ville durant l'année, parties de plaisir, promenades, fêtes patronales, etc.

1103. *Djou-rô-jin*, le dieu de la longévité, assis à rebours sur un âne ; un enfant porte son bagage.

Estampe rare de l'auteur du Yédo Meisho.

1104. *Kyoto meisho*. Description de Kyoto, 1799, 5 vol. in-8, gravures en noir, réunis en un.

1105. *Mei Shoyé*. Dessins de sites célèbres. Planches sur cuivre par Shoun-to-Saï, 1849. 31 petites planches collées sur papier fort et réunies en un album in-8 oblong, cart.

C'est le premier essai au Japon du mode de gravure au burin à la manière des gravures européennes. Le premier vaisseau américain parut sur les côtes du Japon en 1845. On peut voir par le présent album combien les Japonais s'étaient formés rapidement au contact des étrangers. Néanmoins ces tentatives de gravure au burin ne semblent pas avoir obtenu un grand succès puisque l'on ne signale que quelques rares volumes exécutés au Japon par ce procédé. Album rare et curieux.

YOSHITORA.

1106. Les incendies de Yédo, le corps des pompiers et les étendards et bannières qu'il est glorieux de tenir devant le feu jusqu'à ce qu'ils grillent. 80 planches à fond rouge feu en un album in-folio.

Peu commun et curieux pour l'étude des mœurs au Japon.

KWA-SETSOU (vers 1840).

1107. Le livre des silhouettes. Recueil de 70 planches représentant en silhouettes noires des portraits d'acteurs et de membres d'une société de tcha-jin. Dans un angle supérieur de la planche le portrait du même personnage est donné en couleurs, au naturel. Série curieuse et assez rare.

M. Duret en reproduit une planche dans la *Gazette des Beaux-Arts*, t. XXVI et M. Gonse une autre dans l'*Art Japonais*.

Yanagawa Shighénobou, *gendre d'Hokusaï* (1787-1842).

1108. *Yébon fuji takama.* Les Valérianes, livre illustré, ou histoire des femmes célèbres du Japon. Gravures en couleur de Yanagawa Shighénobou, avec texte explicatif par Kozan Shofou, 1823, 2 vol. in-8.

Accompagné de notices manuscrites en français.

1109. Guésha en riche costume dans son intérieur. Belle estampe à gaufrures et rehauts métalliques. Imprimé à Osaka.

Sourimonos.

1110. Recueil de 21 sourimonos, véritables *pièces de choix* en un album, in-4 oblong, riche couverture en soie brochée d'or.

L'album comprend dix-huit sourimonos de Shounsei formant une série qu'on peut appeler *à la coquille ;* chaque pièce porte, en effet, dans le coin à droite, un coquillage sur un éventail à fond d'or. — 1 Sourimono de *Hokusaï*, femme demi-nue à sa toilette. — Hoteï traverse une rivière portant sur ses épaules la femme qu'il aime, estampe d'*Oson*. — Une pièce non signée dans le genre d'Hokusaï. — Toutes les pièces de cet album sont d'une grande beauté de tirage et d'une parfaite conservation. Explications manuscrites en français.

1111. Sourimonos. 20 jolies pièces de petit format carré.

Hokkei.

1112. Un guerrier à cheval sur une carpe qu'il pique de son sabre. Sourimono oblong, tirage argenté.

1113. Quatre sourimonos par Hokkeï et autres.

1114. Deux sourimonos d'Hokkeï, l'un représente une femme en riche costume occupée à broder sur un métier.

1115. La poétesse Komati en riche costume de cour. Beau sourimono de Hokkeï à rehauts d'or et d'argent.

1116. Le thé. Sous un arbre en fleurs un paysan fait bouillir son thé en fumant sa pipe. Dans le fond, un soleil levant. Sourimono oblong.

1117. Kintoki, l'enfant rouge, se cramponnant après une carpe au milieu d'une cascade. Sourimono argenté de format carré.

1118. La neige. Trois portefaix et une femme déblaient à l'aide de grandes pelles une route couverte de neige. Un enfant roule une grosse boule. Sourimono oblong.

1119. Le Foudji au sommet argenté. Sourimono carré d'un bel effet à rehauts d'or et d'argent.

Gakoutei.

1120. Trois sourimonos à rehauts d'or et d'argent. Un jeune homme et deux femmes assis près de livres et de boîtes à écrire. Les têtes se détachent sur un grand coup de pinceau formant comme un nimbe d'or. Pièces superbes et peu communes.

Yeizan.

1121. Les occupations des jeunes femmes. Les unes jouant du koto, peignant des éventails, déroulant des kakémonos, d'autres en parties de plaisir au bord de la rivière, lisant des poésies, se promenant dans la campagne; des courtisanes en somptueux costumes.

Belle série de 22 planches. Huit sourimonos représentant des jeunes femmes. Au verso de cet album, une autre série également intéressante de courtisanes et d'acteurs dans des rôles de femmes par Kounisada, Yeizan, etc. Très bel album à couverture de soie.

Sada-Hidé.

1122. La pêche. Un homme se jetant à l'eau à la poursuite d'un poisson. Joli paysage. Estampe de format carré. — Un oiseau picorant une grenade. Pièce carrée à tirage rouge, jaune et bleu. — La nuit. Une longue rue terminée par un Tori-i, et au delà l'eau calme d'un lac argenté par la lune. Très jolie pièce en tirage bleu.

Hokoushiou.

1123. Portrait d'acteur en buste, dans un rôle de guerrier. Composition d'un beau style. Superbe épreuve, encadrée sous verre. Pièce rare. (École d'Osaka.)

On comprend sous la dénomination d'école d'Osaka tous les artistes secondaires de l'atelier des Outagawa, tous les élèves de Toyokouni, de Kounisada et de Kouniyoshi qui se distinguèrent surtout dans l'illustration des scènes de théâtre et les portraits d'acteurs. Ces planches s'imprimaient à Osaka.

Hokouyei.

1124. Trois estampes. Personnages et paysages.

Divers.

1125. Album de quatre-vingt-dix planches de l'école d'Osaka réunies en un volume in-folio cartonné. Gravures en couleur.

Remarquable suite d'épreuves anciennes très harmonieuses et très riches de tons, représentant des scènes de pièces populaires, des acteurs dans leurs principaux rôles et un certain nombre de portraits en grand format. Très belle série.

1126. Sept albums de planches de l'École d'Osaka relatives au théâtre et aux acteurs. Tirage de la fin du XVIIIe siècle.

1127. L'habillement d'un guerrier. Un album.

1128. *Ya so itsou daï ben mo ki*. Vie du Christ avec illustrations. 1874, 2 vol. in-8, gravures en noir.

Les types sacrés sont d'un réalisme curieux. Ces gravures inspirées par des dessins européens ont néanmoins un cachet local et personnel.

1129. *Ansei Ki-boum*. Tremblements de terre de l'ère d'Anseï, 1855, 6 volumes in-8, gravures en couleur. Explications manuscrites.

1130. Lot de quatorze beaux albums japonais modernes.

1131. Albums japonais modernes. Mangwa d'Hokusai, etc, 50 volumes in-8, gravures en couleur.

OUVRAGES RELATIFS AU JAPON

1132. GONSE (L.). L'art japonais. *Paris, Quantin*, 1883, 2 volumes in-4, illustrés, couverture soie jaune.

1133. BING (S.). Le Japon artistique. Documents d'art et d'industrie. *Paris, Bing*, 6 tomes en 3 vol. in-4, richement illustré, planches en couleur, cartonnage artistique, tête dor.

1134. GONSE. L'art japonais. *Paris, Quantin*, in-8, fig., perc. — E. de GONCOURT. Outamaro. *Paris, Charpentier*, 1891, in-18, br. — OUÉDA TOKOUNOSOUKÉ. La céramique japonaise. *Paris, Leroux*, in-18, br. — LOONEN. Le Japon moderne. *Paris, Plon*, 1894, in-18, fig., br.

1135. APPERT (G.) et Kinoshita. Ancien Japon. *Tokio*, 1888, 2 vol. in-18, fig., perc. — PALÉOLOGUE. L'art chinois, *Paris, Quantin*, in-18, fig., perc.

1136. GUIMET (Émile). Promenades japonaises. Illustré par Regamey. *Paris, Charpentier*, 1878-1883, 2 vol. in-4, fig. et planches, br.

1137. BERTIN (L. E.). Les grandes guerres civiles du Japon (1156-1392). *Paris, Leroux*, 1894, gr. in-8, illustré, br.

1138. *Catalogues de ventes* d'objets d'art et d'estampes de la Chine et du Japon. Lot d'une cinquantaine de catalogues, beaucoup avec les prix marqués.

Ventes Burty, de Goncourt, Clémenceau, Beurdeley, Appert, Duret, de la Moskowa, Marquis, Taigny, de Boissy, Barboutau, Hitchcock, Piggott, de Schmid, de Tarnès, etc.

OUVRAGES D'ART ET DE LITTÉRATURE

1139. LA SAINTE BIBDE, traduite par Lemaistre de Sacy. *Paris, Furne*, 1841, 4 vol. gr. in-8, fig., demi-chag. noir, tête dor.

1140. *Armengaud*. Les trésors de l'art. *Paris, Labure*, 1859, in-4, planches sur acier, perc., tr. dor.

1141. — Les galeries publiques de l'Europe, Rome. *Paris, Claye*, 1856, in-4, fig., perc.

1142. *L'Art*. Revue hebdomadaire illustrée. *Paris*, 1875-1885, 37 volumes in--fol., planches et eaux-fortes, percaline rouge, tête dor. et deux années en livraisons.

1143. *Barrière*. Bibliothèque des mémoires relatifs à l'histoire de France pendant le XVIIIe siècle. *Paris, Didot*, 23 vol. in-18, br.

1144. *Beauchesne* (A. de). La vie de Madame Élisabeth. *Paris, Plon*, 1869, 2 vol. in-8, portraits. — Louis XVII, sa vie, son agonie, sa mort. *Ibid.*, 1867, 2 vol. in-8, portraits. Ens. 4 vol. demi-mar. bleu.

1444 *bis*. *De Caumont*. Abécédaire ou rudiment d'archéologie. *Caen*, 1859, 2 vol. in-8, fig., br.

1145. *Cervantès*. L'ingénieux hidalgo Don Quichotte de la Manche. Traduction de Louis Viardot. Illustré par Gustave Doré. *Paris, Hachette*, 1869, 2 vol. in-4, br. (le tome I en feuilles).

1146. CHANSONNIER des Dames. *Paris, Janet*, 1829, charmant volume in-18, fig. dans le cartonnage original, en son étui (très frais).

1146 *bis*. AGÉLINE, ou les fruits de l'éducation, traduit de l'anglais. *Paris, Janet*, in-18, fig., dans le cartonnage original chromolithog. en son étui.

1147. *Chateaubriand*. Œuvres complètes. *Paris, Lefèvre,* 1836, 5 vol. gr. in-8, illustrés, demi-rel.

1148. *Chefs-d'œuvre* d'art à l'exposition universelle de 1878. *Paris, Baschet,* 40 livr. in-folio, en deux cartons.

1149. *Chintreuil*. Sa vie et son œuvre, par A. de la Fizelière, Champfleury, F. Henriet. *Paris, Cadart,* 1874, in-4, 40 eaux-fortes, br.

1150. *Clément* (Ch.). Gleyre, étude biographique et critique, avec le catalogue raisonné de l'œuvre du maître. *Paris, Didier,* in-8, 30 planches, br.

1151. *Gazette des Beaux-Arts*. *Paris,* 1869-1880, 2e série, tomes I à XXII, gr. in-8, avec fig. et planches, br.

Manque mai 1879.

1152. *La guerre franco-allemande* de 1870-71, rédigée par le grand état-major prussien, trad. Costa de Serda. *Berlin,* 1872-82, 20 fasc. in-8 br. et 2 fasc. de cartes.

1153. *Henriet* (Frédéric). Le paysagiste aux champs. *Paris, Lévy,* 1876, in-8, eaux-fortes, br.

1154. — C. Daubigny et son œuvre gravé. *Paris, Lévy,* 1875, in-8, eaux-fortes, br.

1155. *d'Ideville* (comte H.). Gustave Courbet, notes et documents sur sa vie et son œuvre. Avec huit eaux-fortes par Martial et un dessin de Manet. *Paris,* 1878, in-4, br.

1156. *Imbert de Saint-Amand*. Les femmes de Versailles. Les femmes des Tuileries. *Paris, Dentu,* 28 vol. in-18 br.

1157. *Jacquemart* Histoire de la céramique. *Paris, Hachette,* 1873, gr. in-8, fig., br.

1157 *bis*. *Lalanne* (Maxime). Traité de la gravure à l'eau forte. Texte et planches. *Paris, Cadart,* 1878, in-8, planches, br.

1158. *La Fontaine*. Fables, avec les dessins de Gustave Doré. *Paris, Hachette,* 1868, in-4, d. mar. vert.

1159 *Lamartine*. Œuvres de Lamartine, de l'Académie française. Édition complète en un volume. *Bruxelles, Wahlen,* 1835, gr. in-8, portrait, chag. noir à compart., tr. dor.

1160. *Maxime Du Camp*. Paris, ses organes, ses fonctions et sa vie. *Paris, Hachette,* 1869-76, 6 vol. in-8, br.

1161. — Les convulsions de Paris. *Paris, Hachette,* 1879-80, 4 vol. in-8, br.

1162. *Moura* (Le D[r]). La butte des moulins, avec documents archéologiques et administratifs inédits. Eaux-fortes de A. P. Martial. *Paris, Cadart*, 1877, in-folio, cart.

1163. *Ch. Nodier.* Les environs de Paris, paysage, histoire, monuments, mœurs. *Paris, Boizard*, in-8 illustré, cart. doré, tr. dor. — Contes, Trilby, Smarra, etc., avec eaux-fortes de Tony Johannot. *Paris, Lecou*, in-8, fig., cart. doré, tr. dorées.

1164. *Piedagnel* (A.). J.-F. Millet, souvenirs de Barbizon. *Paris, Cadart*, 1886, in-8, br., portrait et neuf eaux-fortes.

1165. *Roques* (Joseph). Histoire des champignons comestibles et vénéneux. *Paris, Hocquart*, 1832, in-4, planches coloriées, d. r.

1166. *Sencier* (A.). Étude sur Georges Michel. *Paris, Lemerre*, 1873, in-8, eaux-fortes, br.

1167. *Société des aquarellistes français.* Catalogue des seize premières expositions. 1879-1894, 16 vol. in-8, illustrés, br.

1168. *Thiers.* Histoire du Consulat et de l'Empire. *Paris, Paulin*, 1845-1862, 20 vol. in-8, d, r. Avec atlas in-folio, demi-reliure.

1169. *Töpffer* (R.). Premiers voyages en zigzag. *Paris, Lecou*, 1855, gr. in-8 illustré, dem.-chag. rouge, tête dor.

1170. *Le Tour du monde. Paris, Hachette*, 1860 à 1880, 39 volumes in-4 illustrés, dem.-chag. rouge, tête dorée.

1171. *Viardot* (Louis). Les musées de France, d'Italie, d'Espagne, d'Allemagne, d'Angleterre, de Belgique et de Hollande. *Paris, Hachette*, 1859-60, 5 vol. in-18 br.

CATALOGUES DE TABLEAUX ET D'OBJETS D'ART

1172. Collection Spitzer. Catalogue de la vente, 3 vol. in-4 et planches in-folio.

1173. Vente San Donato. Grand catalogue illustré des objets d'art et d'ameublement, tableaux, etc. In-4, fig. et planches, br. — Bibliothèque. In-4, br.

1174. Collection Joh. W. Wilson. *Paris, Claye,* 1873, in-4, 68 planches, br. — Galerie John W. Wilson. Catalogue illustré, gr. in-8, eaux-fortes, br.

1175. Tableaux du baron de Beurnonville. Catalogue illustré. In-8, planches, br.

1176. Collection Alessandro Castellani. Objets d'art du moyen âge et de la Renaissance. Catalogue illustré. *Rome,* 1884, gr. in-8, planches, br.

1177. Collection Double. Tableaux. catalogue illustré.

1178. — de la Rocheb. — —

1179. Collections de tableaux. 125 catalogues, dont beaucoup avec illustrations.

1180. Importante collection de catalogues des salons, catalogues illustrés, le nu au salon, Paris-salon, etc.

1181. *Galerie contemporaine.* Peintres et sculpteurs. 4 cartons de fascicules. *Revue illustrée, Figaro illustré, Figaro-salon, Figaro Tour Eiffel* complet.

1182. Guides Joanne, Baedeker, etc. 60 volumes et 25 cartes de l'état-major.

OUVRAGES EN LOTS

1183. *Partitions.* Faust, La Favorite, ouvertures célèbres valses, etc. Six partitions pour piano, in-8, br.

1184. 250 bons volumes de littérature, romans, voyages, mémoires, classiques, éditions Didot, Plon, Hachette, C. Lévy, Garnier, etc., en demi-reliure très fraîche ou brochés.

ALBUMS DE PHOTOGRAPHIES, TIMBRES-POSTE ASSIGNATS

1185. Belgique.

1186. Royat, Clisson, etc. 2 albums.

1187. Écosse.

1188. Venise et Padoue.

1189. La Hollande.

1190. Londres et Liverpool.

1191. La Suisse et les lacs italiens.

1192. L'île de Wight.

1193. Grenoble, la Grande-Chartreuse, la Meije et l'Oisans.

1194. 6 albums, vues diverses.

1195. Milan, Pavie, La Chartreuse, Vérone.

1196. Deux albums à portraits, en maroquin (neufs).

1197. Album de timbres-poste, contenant beaucoup de timbres anciens dont quelques pièces rares.

1198. Lot d'assignats, cartes de sûreté, etc. 36 pièces et autres documents de l'époque révolutionnaire. Pièces signées de la duchesse de Berry, de Dufaure, de la maréchale Vaillant, etc.

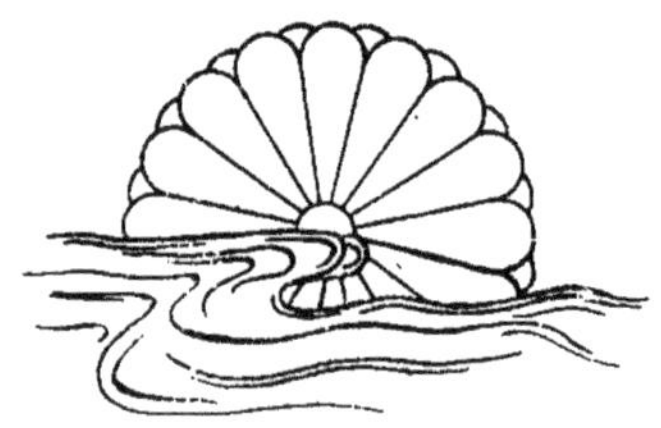

Chartres. — Imp. Durand, rue Fulbert.

TABLE DU CATALOGUE

Chartres. — Imp. DURAND, rue Fulbert.

www.ingramcontent.com/pod-product-compliance
Ingram Content Group UK Ltd.
Pitfield, Milton Keynes, MK11 3LW, UK
UKHW020915180726
13838UKWH00002B/570

9 782329 418018